双师型教师师资培养及队伍建设研究

罗岩　朱洁　著

北方联合出版传媒（集团）股份有限公司
万卷出版有限责任公司

图书在版编目（CIP）数据

双师型教师师资培养及队伍建设研究 / 罗岩，朱洁著. -- 沈阳 ：万卷出版有限责任公司，2023.12
ISBN 978-7-5470-6405-4

Ⅰ. ①双… Ⅱ. ①罗… ②朱… Ⅲ. ①农村学校－师资培训－研究－中国②农村学校－师资队伍建设－研究－中国 Ⅳ. ①G415.2

中国国家版本馆 CIP 数据核字（2023）第 220345 号

出版发行： 北方联合出版传媒（集团）股份有限公司
万卷出版有限责任公司
（地址：沈阳市和平区十一纬路 29 号　邮编：110003）
印 刷 者： 辽宁鼎籍数码科技有限公司
经 销 者： 全国新华书店
幅面尺寸： 170mm×240mm
字　　数： 170 千字
印　　张： 11.75
出版时间： 2023 年 12 月第 1 版
印刷时间： 2023 年 12 月第 1 次印刷
责任编辑： 刘书吟
责任校对： 张　莹
装帧设计： 马静静
ISBN 978-7-5470-6405-4
定　　价： 49.80 元
联系电话： 024－23284090
邮购热线： 024－23284448

前言

随着当前社会的发展与时代的变革，社会各界对于人才培养的要求也在逐渐提高标准，在很多高职院校中，传统的教育理念和教学模式已经无法满足时代发展的趋势和人才培养的要求，因此“双师型”教师培训体系的构建被提出，而且在近年来越发被社会各界关注和重视。通过“双师型”教师培训体系的构建可以打造高素质、高技能型的人才，为社会的发展和职业教育质量的提升提供重要的保障。

在高职院校人才培养过程中，师资力量是非常重要的，教师队伍的专业程度会直接影响人才的实际培养质量。为了保证高职院校教育质量，当前许多高职院校着力推进“双师型”教师队伍建设，以打造更为优秀的师资队伍。本书从“双师型”教师的内涵解读介绍入手，针对“双师型”教师专业化发展、“双师型”教师培养方法与模式构建进行了分析研究；另外对工匠精神视域下“双师型”教师专业素质培育体系做了一定的介绍；还对“双师型”教师团队建设策略及路径，“四创”教育、“双高计划”、协同理论等新时代背景下“双师型”教师团队的建设做了研究。“双师型”教师师资培养与队伍的建设，不仅影响高校的教学与科研，而且关系到高校人才的培养，因此高校要加强“双师型”教师队伍建设。本书重视知识结构的系统性和先进性；结构严谨，条理清晰，层次分明，具有较强的科学性、系统性和指导性。

在本书的策划和写作过程中，曾参阅了国内外有关的大量文献和资料，从其中得到启示；同时也得到了有关领导、同事、朋友及学生的大力支持与帮助，在此致以衷心的感谢。本书的选材和写作还有一些不尽如人意的地方，加上编者学识水平和时间所限，书中难免存在缺点，敬请同行专家及读者指正，以便进一步完善提高。

目录

第一章　“双师型”教师的内涵解读……………………………………………… 1
　第一节　“双师型”教师的概念界说………………………………………… 1
　第二节　“双师型”教师的人才特征 ……………………………………… 12

第二章　“双师型”教师专业化发展 ……………………………………… 19
　第一节　“双师型”教师专业化发展的内涵与特征 ……………………… 19
　第二节　“双师型”教师专业化发展的原则与标准 ……………………… 35
　第三节　“双师型”教师专业化发展的内容与结构 ……………………… 52

第三章　“双师型”教师培养方法与模式构建 …………………………… 63
　第一节　“双师型”教师的培育方法 ……………………………………… 63
　第二节　“双师型”教师培养模式构建 …………………………………… 85

第四章　工匠精神视域下“双师型”教师专业素质培育体系………… 105
　第一节　工匠精神的培养………………………………………………… 105
　第二节　基于工匠精神“双师型”教师的专业素质培育探索…… 113
　第三节　工匠精神视域下的“双师型”教师专业素质的培育模式　… 129

第五章　“双师型”教师团队建设策略及路径…………………………… 137
　第一节　树立正确的“双师型”教师团队建设理念…………………… 137
　第二节　“双师型”教师团队建设的策略………………………………… 145
　第三节　“双师型”教师团队建设的路径………………………………… 150

第六章　新时代背景下“双师型”教师团队建设研究………………… 165

第一节　“四创”教育背景下“双师型”教师团队建设………………… 165

第二节　基于“双高计划”的“双师型”教师教学创新团队建设 …… 169

第三节　协同理论视域下“双师结构”教学团队的建设…………… 173

参考文献………………………………………………………………… 179

第一章　“双师型”教师的内涵解读

第一节　“双师型”教师的概念界说

“双师型”教师这一术语已经超越了教育、教育学的范畴，涉及并渗入多个领域和学科界域，很难用一种视角框定其丰富而深刻的内涵。为全方位认识这一概念，根据“双师型”教师的发展渊源和界定，对其界说进行多学科的阐释。

一、职业学视域中的“双师型”教师：特定职业背景的教育者

从职业学的视角审视解读“双师型”教师，揭示其职业性的一面。作为职业价值与职业行为的“双师型”教师，在更大程度上是职业的教育者，而不单纯停留在学科教育者这一层面，即使是作为学科教育者，其所教的学科也总是渗透或依托于特定的职业，具有鲜明的职业性。

首先，“双师型”教师在一定程度上隶属于特定的职业人。根源于职业教育培养职业人的目的，“双师型”教师除了教师这一职业角色之外，还具有特定的职业背景。比如，医学职业教育领域中的“双师型”教师具备医生的职业背景，进一步说，“双师型”教师是教授职业的知识和技能的工作者。之所以强调“双师型”教师是具有特定职业背景的教育工作者，这是对传统的职业教育教师的超越。以往的职业教育教师只教给了学生专业知识和技能，所教授的专业知识与技能脱离了特定的职业情境，所以学生学到的专业知识与技能在真实的职业工作环境中得不到有效应用，最终缺乏综合职业能力。只有教给学生与真实职业工作

密切结合的专业知识与技能，才能使学生具备良好的职业工作素质。对于“双师型”教师的特定职业素养培养，需要强化“双师型”教师的企业实践经历，通过企业实践让“双师型”教师了解职业工作岗位的状况。

其次，“双师型”教师具备与自己专业匹配的职业价值。作为具有特定职业工作背景的教育者，应具有相应的职业价值。职业价值主要是对职业的认识和看法，以及在职业工作中所持的取向，这实质是职业人的灵魂和精神支柱。企业对大学生的职业文化素养要求依次是爱岗敬业、沟通协调能力、团队意识、吃苦耐劳、亲和力、品行端正、进取、气质佳等，其中对爱岗敬业、沟通协调能力、团队意识、吃苦耐劳的要求尤为突出。因此，对于高职院校学生职业价值的培养，首先需要教师具备良好的职业价值观。

再次，“双师型”教师具备与自己专业匹配的职业行为。这实质上是要求“双师型”教师能够将职业中的具体行为实践传授给学生。这需要教师不仅能够胜任与自己专业匹配的某一特定职业，而且在自己的职业教育活动中，能够引入职业工作分析、职业能力分析、职业标准等理论和技术，为开展符合职业规律的职业教育提供指导。

我们所从事的职业教育活动是与职业分不开的，没有职业场域，我们所从事的活动就不能成为职业教育活动。在具体的教育教学活动中，“双师型”教师要能够依据职业标准、职业工作属性，合理开发与职业标准对接的课程，确定与职业能力对接的职业教育教学目标，选择与职业工作对接的课程教学内容，实施与职业工作过程对接的教学活动等。总之，“双师型”教师不仅是教育场域中的教育者，也是职业场域中的具有特定职业背景的教育者。

二、技术学视域中的“双师型”教师：技术技能教育者

技术技能属性是“双师型”教师的根本属性之一。如果没有技术技能这一属性，可能只是一般教师，而不是“双师型”教师。从“双师

型”教师的存在价值、自身素质、教授内容等方面来看，“双师型”教师是具有技术技能属性的教育者。

首先，“双师型”教师的价值在于技术技能的积累和传递。职业教育作为一种以技术、技能的传授为主的活动，与普通教育最大的不同在于其教育内容的技术性。实际上，这意味着职业教育的教育者不是单纯地向学生教授理论知识，而是重在教授学生职业技术。正是基于教授技术、内化技能这一价值维度，国家技术技能发展战略依靠“双师型”教师去传递和积累。从这个角度上说，“双师型”教师是国家技术技能形象，不是一般的教师教育者形象，代表和象征着国家技术技能的发展和传承水平。

其次，技术技能素质是“双师型”教师区别于普通教师的标志之一。职业技术教育作为一种不同于普通学术教育的特殊教育类型，以培养技术技能人才为目的。技术技能人才培养者的素质直接决定了技术技能人才培养的质量。传统的教师是一种学术知识的化身，渊博的知识、高尚的道德被看得很重，而往往忽视教师的技术技能素质。当职业教育在技术技能传承的过程中，发现传统意义上知识化身的教师并不能很好地适应技术技能传授的需要，于是便开始强调实践技能的价值。这也就是“双师型”教师产生与存在的立足点。

再次，“双师型”教师主要向高职院校学生教授技术知识。技术知识的意会属性呼唤这种“双师型”教师。技术史家埃德温·莱顿在其具有划时代意义的作品《作为知识的技术》中，明确将技术知识看作一种知识形态，“一种离散的、不同于科学知识的知识形式”。莱顿主张：“技术知识是关于如何做或制造东西的知识，反之，基础科学具有一种比较普遍的形式。”英国迈克尔·波兰尼于20世纪50年代中后期在《个人知识》中提出“意会知识”的概念，以揭露完全明言知识理想的虚妄，阐明意会知识之于认识的重要意义。他还指出：“人类的知识有两种。通常被描述为知识的，即以书面文字、图表和数字公式加以表述的，只是一种类型的知识。而未被表述的知识，人们在做某事的行动中所拥有的知识，是另一种知识。”技术知识的意会性决定了其存在的载体和教授的方式不同于传统的理论知识，不能依赖书本而存在，需要在具体的操作活动中渗透；不能用以往的告知办法，需要专门的技术熟练者通过示范和行为指导而传递。技术知识的这种意会性，在一定意义上形成了设计共同体的特定“意会背景”。或者说，形成了根植于共同体内并影响其成员的“前理解”。这类知识的传播与接受主要通过“面对面、人对人的方式”而实现。从年轻设计人员到高级设计者，根本而言，是“在设计过程中通过‘师傅带徒弟’的方式实现的”。技术知识的情境性，意味着“双师型”教师的培养成长离不开具体的真实生产情境，也意味着“双师型”教师的技术技能教育教学活动开展也离不开企业生产的实际经历。“双师型”教师是一种与具体生产实践过程密切结合的教育者。“双师型”教师自身的技术技能素质不是架空的，而是落地的，能够将实际工作情境下的技术技能教给学生。

三、文化学视域中的“双师型”教师：职业文化传递者

美国当代著名学者塞缪尔·亨廷顿认为从纯主观的角度界定文化，其含义是一个社会中的价值观、态度、信念取向以及人们普遍持有的见解。“双师型”教师是一种特殊的职业教育文化，属于职业教育的亚文化，也是一种群体文化，体现着“双师型”教师这一群体的价值观念、行为习惯、职业形象、教育信念等。“双师型”教师是校园文化与企业文化融合的桥梁。“双师型”教师是一种特殊的文化形态和文化象征，“双师型”教师的培养是一个文化过程，“双师型”教师的成长发展依赖于“双师”文化。而“双师”文化的培育是一项复杂的系统工程，需要构建一个政府、职业院校、职业院校教师以及“双师”群体共同参与的立体网络。

首先，“双师型”教师是一种职业文化的象征。职业是一个复合型的概念，其既有技术层面的意蕴，也有文化层面的意蕴。职业教育作为指向职业的一种教育活动，同样包含了技术层面和文化层面双重意义。

因此，职业教育不可避免地应该蕴含职业文化这一范畴，职业文化是职业教育的内核。文化泛指人类在社会历史发展过程中所创造的物质财富和精神财富的总和，一般来说可以分为物质、制度、行为和精神这四个层面。职业文化是指流行于不同职业群体中的文化，是人们在长期的职业活动中逐步形成的价值观念、思维方式、行为规范以及相应的习惯、气质、礼仪与风范等，是社会分工发展和职工群体共同参与的结果。它一方面表现为不同的职业群体意识，另一方面则表现为专业的知识、技术和为维护职业群体利益及规范的文化制度。它具有很强的专业性和集团性。职业文化包括职业道德、职业精神、职业纪律、职业礼仪和职业制度等内容。依据文化的结构，可以划分为外表层的职业形象、职业行为和职业礼仪，中间层的职业制度和职业规范，内核层的职业价值观等。职业技术教育不能被沦落为一种技术训练取向的实践活动，其更为深层次、更为富有真实内涵的是其对于人在社会中生存所需要的职业文化的陶冶。因此，职业教育的价值定位需要聚焦在个体的职业文化取向之上，在技术基础上的职业精神熏陶，形成一种整体的职业文化涵养。“双师型”教师不仅仅是一种既能传授理论也能指导实践的教育者，其更为高远的价值在于其能将一种儒化人的职业文化呈现出来。

其次，“双师型”教师的培养是一个文化过程，“双师型”教师的成长发展依赖于“双师”文化。文化集中表现为观念和行为，“双师型”教师融学术文化、职业文化和教师文化于一体。据此，“双师型”教师培养的这个文化过程主要是观念和行为的转变发展过程。就观念而言，“双师型”教师个体价值观应该是工作价值观、学术价值观、教育价值观三者的有机融合。就行为而言，“双师型”教师的教育行为从单纯的学问知识传授转变为行动实践操作的行为。

再次，“双师型”教师文化影响着高职院校学生的职业能力发展。“双师型”教师带给学生的是把“工业文化融入职业院校，做到产业文化进教育、工业文化进校园、企业文化进课堂”。职业教育办学实践表明，“双师型”教师身上所表现出来的企业生产实践经历对学生所产生的影响更深远，“双师型”教师的企业生产实践经历使学生对企业工作有更多更深入的认识，影响了学生的职业价值观、职业态度、职业工作技能等方面的素养。

四、知识学视域中的“双师型”教师：复合知识结构的统合者

教师知识结构的研究对加速教师培养和提高教师素质在理论和实践两方面都有重要的作用和影响。正如舒尔曼所主张，倘若要推进教师专业化，就必须证明存在着保障专业属性的“知识基础”，阐明教师职域里发挥作用的专业知识领域与结构。在教师的专业发展中，知识处于核心地位。所谓知识，就是人们对客观事物信息的反应以及对信息的储存、加工、提取的产物。知识是个体所从事专门活动所需素质的基础。“双师型”教师作为复合型的教育活动者，必然有其特殊的知识结构。“教学若被视为一种专业，则首先需要教师具有专门的知识与能力：教师要学习应该教的知识和如何教授这些知识的专门知识。”高职院校“双师型”教师知识就是指作为“双师型”教师在其教育教学活动中所具备的知识，不同于一般教师知识结构的特点，应体现出“双师”的特点。作为复合型素质的教师，其知识必然也是复合型的，同样具备学术性、师范性和职业性的特点。因此，综合考虑“双师型”教师的复合型素质，可以看出应该包括教育知识、专业知识和职业知识三大类，这三类知识保障了“双师型”教师的“学术性、师范性和职业性”。

由上所述，高职院校“双师型”教师是一种复合素质的教师，其有着特殊的知识结构，主要包括专业知识、教育知识和职业知识。一般来说，个体的活动可以划分为三类：一类是认知活动，另一类是实践活动，以及在这两类活动的基础上形成的第三类活动，即价值评价活动。实际上，高职院校“双师型”教师在其教育活动中也有三种类型，即认识或认知活动、实践活动和反思活动。那么为完成上述三种活动，其应有三方面的知识结构，即认识性知识、实践性知识和反思性知识。高职

院校“双师型”教师知识构成如下：

（一）专业知识

“双师型”教师要胜任某一专业的教育教学工作，必须具备这一专业领域的知识，既有认识层面的，也有实践层面的和反思层面的。因此，其应具备专业理论知识、专业实践知识和专业反思知识。

专业理论知识是指“双师型”教师应具备专业方面的理论知识，旨在合理科学地认识专业，涉及某一专业领域的多方面学科知识。以机械制造与自动化专业的教师为例，需要具备机械制图、工程力学、机械设计、机械制造工艺学等方面的专业知识。

专业实践知识是指专业领域的实践性知识，主要涉及专业教育活动中的实训、实验方面的知识。在“双师型”教师所从事的专业教学实践中，要思考如何将实践操作技能的知识教给学生，也就是如何教学生学习实践技能的实践性知识。除此以外，还包括专业改革、专业建设方面的实践性知识，即具备制定专业人才培养目标、专业课程设置、专业人才培养方案等方面的知识，以及专业教学实践知识，即指如何开展专业教学活动的操作性知识。

专业反思知识是指对所从事专业的理论与实践进行反思的知识，实际上是一种对专业本身的元认知知识，属于整体性的知识范畴。诸如，某一专业为何而存在？作为“双师型”教师不是简单地从事自己的专业工作，而是从事专业教育工作。专业活动与专业教育是有差异的，实际上如何高效地将自己的专业素质转化为专业教育工作，这需要教师对自己的专业活动进行整体性的认识和批判，实质上也是教师如何认识自己的专业、专业价值和专业教育的问题。

（二）教育知识

“双师型”教师是教师，就应该具备教育方面的知识，具体包括教育理论知识、教育实践知识和教育反思知识。

教育理论知识是指理解职业教育教学世界的客观特性及其关系的知识，即是什么、怎么样的知识，具体包括教育学知识、心理学知识、教学论知识、课程论知识、学生知识、教育管理知识等。主要是掌握一般的教育理论，旨在为教师的教育教学活动提供观念性的引导。

教育实践知识是指教师凭借个人的生活经验、人生哲学以及人生信念，高度综合并内化学科专业知识、教育心理学知识以运用于具体的教学实践情境中的知识形态。“双师型”教师的实践性知识是其有效从事教育教学工作的前提条件。“双师型”教师的实践性知识既来自外界已有的实践性知识，也来自教师自身在长期的教育实践中所生成的智慧。实际上“双师型”教师的实践性知识包括了作为“双师型”教师群体的公共实践性知识和作为“双师型”教师个体的实践性知识。教师实践性知识是在实践中建构关于实践且指向实践的知识。

教育反思性知识是指在认识性知识与实践性知识的基础上，明确为什么要开展这样的教育教学实践活动，什么样的活动是合理的、有效的、良好的，职业教育活动和过程到底如何等一些带有价值性、评价性的反思性知识。“双师型”教师的教育反思知识主要是指其所具有的关于教学过程、教学效果、学生学习结果的评价与判断的知识，并能根据评价反馈对自身教学活动做出及时改进与调整的知识。正如有的研究者所认为的，教师应具有效果反馈的知识。效果反馈的知识指教师对学生的学习结果进行效果评测及调整学习方式的知识。为了提高教学质量，教师在课堂教学时需要对学生的学习结果进行评价，从而获得学生是如何学习的，已经学会了什么，哪些还不会、需要进一步学习的信息。好的评价不仅显示学生会做什么，而且指出学生的错误，以及这些错误的原因。

（三）职业知识

高职院校“双师型”教师作为教授职业知识、职业技能的教育者，不仅要掌握专业知识，同时应该具备相关的职业知识。“双师型”教师的职业知识也可以分为三方面，即职业理论知识、职业实践知识和职业反思知识。

职业理论知识包括多个方面，首先是一般的职业科学理论知识，比如关于技术技能人才成长规律、职业背景知识、职业标准、职业指导、职业测评等方面的理论知识。职业理论知识同时还包括具体的某方面职业的理论知识，涉及某一职业的价值观、职业文化、职业制度等。这就需要教师能够及时掌握企业信息，了解技术发展变化的趋势，在教学中融入相关行业企业岗位技能要求和知识，在教学中介绍行业新技术、新方法、新工艺、新知识。

职业实践知识是一类关于某一职业活动中如何实践操作的知识。主要表现为工艺过程和生产流程的知识，实际上是在真实的工作场景中如何操作、如何制造、如何加工的知识。以机械制造与自动化专业教师为例，应该具备在相关职业活动中对应的职业活动方面的知识，能够熟悉机械加工制造方面的生产过程，拥有如何进行机械制造和加工的实践性知识。

职业反思知识是对职业理论及相关职业活动中的加工生产过程进行反思的知识。主要表现为在职业工作过程或职业技能操作过程中，对自身的观点、认识和行为实践的评判和反思。“双师型”教师教授学生职业技能和操作能力的教育教学过程并不是单纯的线性式传递知识和演示技能，而是教师在与学生的互动中自身对职业技能的反思过程。善于运用反思性知识对自己所教的职业知识和职业技能进行重新认识与自我监控的教师，对学生进行技能教育往往更有效。

“双师型”教师的知识结构具有以下特征：

首先，理论与实践并重的“双师型”知识结构。认识性知识和实践性知识的结合实际上意味着理论认识与实践知识的并重。“双师型”教师的实践性知识具有情境性、默会性、个体性等特点。所谓情境性，主要是指“双师型”教师的实践性知识是在职业教育实践中对具体问题的解决过程中体现出来的，是针对特定情境下解决特殊问题的知识。所谓默会性，是指“双师型”教师的实践性知识在很大程度上是难以用语言表达出来的，很多时候处于内隐状态，只有拥有者自身有所体会，是一种教师个体在长期的教育实践中摸索和领悟的知识。所谓个体性，是指

“双师型”教师的实践性知识并非像认识性知识那样具有普遍性，而是针对不同的情境和不同的个体具有非普遍性，是一种个体的知识。

其次，突出反思性知识的意义。反思是教师成长的起点。目前，在对教师的研究中普遍将反思作为教师的一个重要品质，因此，主张在关注“双师型”教师的理论知识和实践性知识的同时，应该将一种能够推动理论认识和实践的反思性知识作为重要的知识结构领域。“双师型”教师的反思性知识着重指的是其在职业教育教学活动中能够有效观察、批判、评价自身认识与行为，并自主生成构建新认识和践行新行为的那种意识观念。总之，高职院校“双师型”教师知识是教师在一定认识性知识基础上，并在实践过程中通过个人自我反思所形成的一种知识，是整合化、个性化知识的混合体。

高职院校“双师型”教师知识结构的形成需要一种整合化的路径，体现在课程、教学和成长等多个方面。一是构建“专业教育、教师教育与职业教育”相结合的课程结构。“双师型”教师需要专门化培养，职业技术师范院校需要构建一种“专业教育、教师教育与职业教育”相结合的课程结构。专业课程能够保证其专业知识，教师教育课程能够保证其教育知识，职业课程能够保证其职业知识。比如，机械设计制造教育专业的课程体系就包括机械工程、机械设计制造方面的专业课程，职业教育学、职业教育心理学、机械类专业课程与教学论等教育类课程，机械设计制造类职业工作、机械设计制造领域新技术等职业类课程。二是实施“认识性、实践性与反思性”三元素相整合的教学活动。技术教育的质量评估依赖于教师知识的质量。“双师型”教师的认识性知识通常可以通过阅读文献和聆听讲座获得，即通过理论学习即可获得，这类知识包括专业知识、教学知识、课程知识、教育学、心理学和相关的原理性知识。而“双师型”教师的实践性知识主要指教师在教育教学实践中实际使用的关于如何教学、如何操作的知识，即专业教学知识。“双师型”教师的反思性知识是其在教育教学实践中对自身及自身教学工作的反思和价值评价的知识。教师行动来自教师经验。通过反思实践，教师重新解释与建构他们的经验，从而促进专业知识的形成；通过反思实践，教师从不同角度重新解释与建构他们的经验，从而促进专业知识的发展。显然，这三种知识的不同特点决定了其各自建构或培养的途径不同。所以，在具体的师资培养教学活动中，应综合考虑教师的认知、实践和反思三方面素质的发展。三是“学校与企业、工作与学习、理论与实践”跨界性的学习方式。高职院校“双师型”教师的专业知识、教育知识和职业知识并不是仅仅在学校里通过理论学习所能够获得的。这种三元知识结构的复杂性也就决定了其学习方式是一种多样的跨界。需要教师行走于学校和企业之间，通过学校积累自身的理论知识，通过企业实践构筑自身的实践知识。“双师型”教师的知识获得也不仅仅依赖于教师自主学习，个体的实践性知识积累和反思性知识的升华很大程度上依赖于自身在工作过程中的体验和感悟。总之，“双师型”教师的复合型知识结构需要采取“学校与企业、工作与学习、理论与实践”等跨界性的学习方式。

五、复合视角诠释“双师型”教师：多重素质的职业技术技能教育者

可以从不同的角度解析“双师型”教师中的“双师”，理论与实践也好，学校与企业也好，教学与生产也好，毕业证与职业资格证也好，教师与工程师等，最终我们难以穷尽“双师型”教师的丰富内涵，我们已经无法将其限定在“双”这一层面上去认识。与其这样，不如换一种思维方式，将“双”视为一种统一、整合的标签，事实上“双”所产生的功效是整体、整合。另外，“双师”其实是从素质的角度去界说职业教育教师的，“双师型”教师是一种职业教育教师素质的代言，“双师型”教师是职业教育教师发展的理想形态。因此，我们更倾向于从复合的视角整体诠释“双师型”，即其是具有多重素质结构的技术技能教育者。

第二节 “双师型”教师的人才特征

一、素质结构的复合性

从某种程度上说，“双师型”教师是一种特殊的复合型人才，在其素质结构的多个维度上体现出复合性。

一是理论与实践的统一。“双师型”教师既具备一定的理论素养，又具备相关的实践技能。理论素养体现为专业理论和教育理论方面，懂得专业基础理论，掌握如何教书育人的理论；实践技能体现为与生产实践相关的职业技能和与教育工作相关的教师技能。生产实践相关的职业技能要求“双师型”教师掌握专业操作技能与方法及新技术在生产中的应用，具备专业方面的组装、调试、设备使用、维修或工具软件的应用能力，以及工程设计、技术开发和发明创新能力。也可以说，“双师型”教师具备教育理论与实践、专业理论与实践的统一素质。

二是教学与研发的统一。“双师型”教师不仅仅是理论教学和实践教学工作者，而且是应用技术的研发者。“双师型”教师参与企业相关研发工作，帮助企业克服技术难题，开展应用研究。“双师型”教师的研发能力主要是为满足当前行业企业的应用技术服务需求，主要包括技术创新能力和技术开发能力，它不同于普通学术型高校教师所开展的基础理论研究，高职院校“双师型”教师所开展的研究属于技术应用型的研发。

三是知识与技能的统一。“双师型”教师素质是知识与技能的统一。知识素质主要是指其所具备的教育知识、专业知识等方面；技能表现为实践教学中的技能指导能力，与行业发展实际相结合的技术跟踪能力，以及实际操作技术开发能力。以外贸专业教师为例，其专业知识主要包括外语知识、业务知识（国贸、国贸实务、国际结算、国际商法等），专门技能包括教师技能、市场调研、价格核算、合同措施、合同履行等方面。

四是教育与专业的统一。“双师型”教师身上统一着两个领域的知识、能力、素质，最终是教育领域的教师资格证和某一专业领域的职业资格证“双证”的统一。实际上是横跨两个工作，是具体指向某种职业的专业与指向教师职业的教育，二者相互融合、相互促进，成为一种专业教育工作者。总之，“双师型”教师是专业、教育和职业三方面素养的统一。其一，“双师型”教师应具备相应的专业素养：理论知识层面体现为掌握所从事专业的基本理论体系；实践应用层面体现为能够在实践中熟练应用所学专业理论知识，具备较强的专业实践能力；研究创新层面体现为能够在该专业领域进行科研创新。其二，“双师型”教师应具备相应的教育素养：理论知识层面体现为掌握扎实的教育理论；实践应用层面体现为能够高效从事专业教育工作；研究创新层面体现为能够开展专业教育研究，在专业教学论、专业课程论、专业教育心理等方面有所建树。其三，“双师型”教师应具备相应的职业素养：理论知识层面体现为能够掌握与专业相近的职业信息，并能将最新的职业动态和技术变革信息融入自身的专业教育工作之中；实践应用层面体现为能够在相近的职业技术领域熟练操作，取得匹配的职业技能资格证书；研究创新层面体现为能够应对技术变革和职业发展过程中的挑战而开展职业动向方面的理论与应用研究。

二、职业角色的专业性

首先，从“双师型”教师产生的背景过程看，这是专业化价值诉求的产物。“双师型”是在对职业教育教师专业化的探索过程中提出来的。“双师型”教师是我国职业教育教师专业化探索过程中所形成的一种特殊的教师职业身份，体现出的是一种专业性的价值追求。“双师型”不仅是对一部分职业教育教师的要求，而是对所有职业教育教师的要求。“双师型”教师是职业教育教师的一种专业化职业身份代言人。

其次，从“双师型”教师的资格标准来看，体现出其职业身份的专业性。以教师资格证和职业技能证组成的“双证”标志着其职业身份的专业性。“双师型”教师的另一角色是特定专业或行业的专家，这是“双师型”教师的专业特色，是职业教育教师区别于普通教育教师的最明显、最关键、最核心的特点。

再次，从“双师型”教师的培养来看，需要专门化的机构和途径。单靠工厂企业或普通高校（包括普通师范院校）均不能培养出“双师型”教师，这进一步说明“双师型”教师的不可替代性和专业性，需要专门化培养。正如有研究者主张，“‘双师型’教师的形成，需要通过校企二重途径和四种经历，即工程技术教育经历、工程技术实践经历、职业技术师范教育经历、职业技术教育实践经历”。“双师型”教师甚至意味着他们需要通晓三个专业：一个是学术性专业，一个是教育性专业，还有一个是工艺性或职业性专业。

总之，“双师型”教师已经不自觉地成为一种职业教育教师的专业化形象，“双师型”教师是一种专业。当前职业教育领域中探讨“双师型”教师专业素质、专业发展、能力结构等方面的话题是一种对其专业性的深化和推动。从根本上进一步研究“双师型”教师专业标准问题就显得尤为重要。

三、成长过程的实践性

“双师型”教师的成长过程是一个实践过程。关于什么是实践，有着多元化的理解。亚里士多德将指导实践的理性称为实践智慧，认为它只在具体的情境中证实自己，并总是置身于一个由信念、习惯和价值所构成的活生生的关系之中，即是说，在一个伦理之中。伽达默尔主张，“首先人们必须清楚‘实践’一词，这里不应予以狭隘的理解，例如，不能只是理解为科学理论的实践性运用。当然，我们所熟悉的理论与实践的对立使‘实践’与对理论的‘实践性运用’相去甚远，而且可以肯定的是对理论的运用也属于我们的实践。但是，这并不就是一切。‘实践’还有更多的意味。它是一个整体，其中包括了我们的实践事务，我们所有的活动和行为，我们人类全体在这一世界的自我调整。我们的实践，它是我们的生活形式。在这一意义上的‘实践’就是亚里士多德所创立的实践哲学的主题”。德国当代著名哲学家哈贝马斯在其名著《知识与人类兴趣》一书中系统阐述了其兴趣理论，主要是对人类理性的基本看法。他认为人类存在三种基本的兴趣——“技术兴趣”“实践兴趣”“解放兴趣”。“技术兴趣”是指通过合规律（规则）的行为对环境加以控制的人类基本兴趣。“实践兴趣”是建立在对意义的“一致性解释”的基础上，通过与环境的相互作用而理解环境的人类基本兴趣。“解放兴趣”是人类对“解放”和“权力赋予”的基本兴趣，这种兴趣是一种人类自主的行动。哈贝马斯认为，指导着人们对自身的交往活动进行处理和认识的就是“实践的认识兴趣”。它是通过“语言”这一媒介而形成的，其所涉及的对象领域是“关于人及其表现的对象领域”，所关心的是人与人相互间的“可能的解释”。实践行为受“善”的观念的指导，它不仅要求行为的目的为善，还认为行为过程本身就应体现善。从哲学家们的视野中可以看出，实践绝不是简单的行动或行为层面的应用与活动，实践渗透着主体的个性张扬、承载着人类群体的伦理价值、凝聚着人与人之间的人文关怀。

同样，“双师型”教师成长过程的实践性有着丰富的内涵。首先，“双师型”教师成长过程的实践性意味着“双师型”教师的成长是在互动的环境中，与他人的交往中进行。

其次，“双师型”教师成长过程的实践性意味着“双师型”教师是个性的价值体验。正如舒尔曼所言，教育实践不只是简单地把所学的知识应用于实践，而是需要“教师的判断”这个中介，即在不确定的情况下，教师必须学会变化、适应、融会贯通、批判、发明。实际上，“双师型”教师的成长不是模式化的、理论灌输的和技术改造的过程，而是一个自身不断批判反思的发展过程。进一步说，“双师型”是一种生产实践艺术与教育教学艺术的融合。

再次，“双师型”教师成长过程的实践性意味着“双师型”教师成长根植于真实的特定的情境中。从现有教师的来源来看，多数教师是从非师范高等院校毕业后直接上讲台，大都缺乏教育实践经验和企业实践经历，自身的技术应用能力和实践操作能力不强，不能给学生良好的技术示范和指导。而“双师型”教师的成长离不开长期实践，因此，“双师型”教师的成长过程是教师教育实践过程。另一方面，“双师型”教师所面对的学生不同于普通教育的学生，有其特殊性。教育对象的特殊性要求教育者具备更加丰富、独特的教育知识，要能够深入把握高职院校学生的特点，具备相应的教育观和学生观，同时依赖于丰富的教育实践经验。这在很大程度上也需要“双师型”教师在教育实践过程中不断成长。因此，“双师型”教师的成长过程是企业生产实践过程。

总之，“双师型”教师的成长过程离不开实践性智慧。教师教育工作不同于其他职业之处在于其育人性，体现出育人的艺术，教师的教育艺术，不是简单的教育技术，在很大程度上与其实践性智慧分不开，即“双师型”教师的成长过程离不开实践性智慧的积累。

四、价值功能的应用性

“双师型”教师是一类培养应用型人才的教师，这类教师旨在教会学生职业技能、技术技能的应用实践。

“双师型”教师对职业院校学生就业质量的提升具有正向的促进作用，“双师型”教师通过提升职业院校学生感知授课质量和课外就业帮助，进而提高学生就业质量。“双师型”教师有着丰富的实践经验，能为学生提供贴近实际工作情况的教学；还可以将原有的社会资源优势转化为课外就业帮助优势，对学生的就业给予有效的指导。

“双师型”教师是职业教育的重要办学特色。只有培养足够的“双师型”教师，才能真正实现职业教育大发展；只有培养“双师型”教师，才能真正提高职业教育质量；只有培养“双师型”教师，才能真正满足企业的发展需要；只有培养“双师型”教师，才能真正促进职业教育公平；只有培养“双师型”教师，才能有效增强教师的文化传承能力。“双师型”教师知道企业用人的需要，掌握企业生产最新技术工艺，能够根据需要展开有针对性的教学工作，能够培养符合企业生产需要的技术技能人才。

有研究显示，“双师型”教师能够将职业与专业、知识与技能相融合，集职业素质、专业知识和精湛技能于一体，成为专业建设的实施主力。在专业建设的多个环节中发挥着不可替代的作用与影响，是高职院校专业建设的主力军和核心竞争力。以课程开发为例，“双师型”教师在课程开发与建设中的作用与影响重大，“双师型”教师了解相关专业高技能人才岗位所需的知识、能力、素质，他们能够较好地设计课程体系和教学内容，因而能够支撑培养目标的实现。他们与企业专家合作开发具有工学结合特色的教材，在课程开设、教材建设和精品课建设中，发挥着核心骨干作用。

此外，“双师型”教师的价值功能应用性还表现在其社会服务能力上，主要是指对企业员工的技能培训和为企业生产提供的技术研发。实践证明，“双师型”教师在专业建设、产学研、校企合作和提高应用型人才培养质量等方面发挥的作用明显，起到了领军人才的作用。

第二章 “双师型”教师专业化发展

第一节 “双师型”教师专业化发展的内涵与特征

一、职业院校“双师型”教师专业化发展的本质内涵

在对我国职业教育发展特点科学总结的基础上，借鉴国外发达国家职业教育师资队伍建设发展经验后所提出来的专有名词——“双师型”教师，是我国职业教育界改革创新发展的一个重大发现。“双师型”教师这一概念最早于20世纪90年代初由王义澄先生提出，并从此开启了“双师型”教师内涵研究的先河。但由于当时我国职业教育界对“双师型”教师这一概念的本质尚没有形成统一的认定条件、专业标准、培养途径等方面的共同认识，一些学者根据自己的理解提出了许多不同的主张与观点。纵观这些研究成果，我们可以发现，他们对“双师型”教师内涵的理解可谓“仁者见仁，智者见智”，然而其中也存在着概念不清、外延宽泛，甚至是非混淆等情况。概念不清晰、内涵不准确，就无法进行标准认定，而标准认定混乱或标准与内涵的相互背离，必然会致使“双师型”教师队伍建设陷入无穷的发展乱局，其建设效果也必然会不理想。所以，“双师型”教师队伍建设的关键是准确理解和把握职业院校“双师型”教师的内涵。

（一）内涵的多方解读

内涵，指概念所反映出来的客观事物的本质属性。对什么是职业教育“双师型”教师的理解过程就是对此概念内涵的识读过程。在对不同

利益群体关于职业教育“双师型”教师内涵解读进行仔细回顾的基础上，这里对该概念假设进行检验的同时也展开了内涵识读的历程。

对职业教育“双师”概念的认识会因为概念出现的场合或使用者身份的不同而有所变化。就目前而言，“双师”通常还只出现在政府文件、学术论文和学校文件等场合中，使用者往往是政府官员、研究者和学校相关计划制订者和执行者，较少进入公众话题讨论的领域。这里为了叙述需要暂且将其做管理层、学术界和实践领域（基本包括地方政府和学校等）的大致分类，然后依次回顾各主体对“双师”内涵的解读形式与主要内容。

1. 管理层

通过政府颁布的各类政策文件以及领导的相关发言可以帮助大家多少了解一些政府层面对于“双师”内涵的理解。“双师型”教师最初的标准就是“双证书”，即教师资格证书加行业技能等级证书。职业院校的专业课教师若想获得“双师型”教师的资格，只需拿到一个行业技能等级证书。而这一要求明显有着“双师型”教师在职业教育领域最初的萌芽——“双证书、一体化”的痕迹。然而“双师素质”概念被提出后，“双师型”教师的标准就朝着多元化的方向发展了，同时也比较契合现实工作的诉求。

一般而言，政府表达和阐释“双师”观点主要有三种方式：其一，从理论与实践两方面来解释“双师型”的内涵，认为职业教育师资兼顾理论教学和实践教学两大部分。有时候，也会特别强调“实践性”经验或操作技能。事实上，纵观我国职业教育实践发展史，专业技术等级证书不一定能够证明职业教育“双师型”教师建设质量的优劣。二是从教学、生产两种不同的岗位来强调建设“双师型”教师队伍的迫切性，认为职业教育教师除了任职教师岗位外，也能胜任企业生产一线需求的专业技术人员岗位等。三是从师资来源强调“双师”的渠道，一方面，坚持传统路径培养职业教育师资；另一方面，还要积极吸纳社会上拥有专业技术资质的人员加入“双师型”教师队伍中来，后者一般作为兼职教师来加以聘用。

2.学术界

所谓“一体化”新型师资就是通过实行“双证书制”——既具有大学本科或专科毕业证书，又有技术等级证书。该“双证书制”成功地将教育与生产劳动相结合，达到了为职业教育培养高层次教师的任务。这种最早对“双师型”教师概念的诠释，对之后的解读版本影响深远，可以说它们成了后来学者立论的基点。之后专家学者要么沿着这个思路继续深入拓展，要么基于此做反方向的驳论。就目前而言，学术界就“双师型”教师的概念解读见仁见智，尚未定论。归纳专家学者的“纷纭众说”，大致可分为以下观点：

(1)“双职称说”

“双职称说”可说是“双师型”教师最初的含义，也是被绝大部分专家学者及职业院校领导所认可的一种说法。该学说认为，教师在获得教师职称外，还需要获得另一系列技术职称，如“教师＋中级以上技术职务”，或者“教师＋技师（会计师、工程师等）”。持此学术观点的学者认为，既获得了教师系列职称（讲师及以上职称），同时获得相关职业岗位的相应技术应用能力的职业资格证（中级及以上）或工程师、会计师职称的教师就应归属于“双师型”教师的行列。事实上，这种观点突出和注重了“双师型”教师的教学能力和实践能力的共性，然而却相对忽视了两者在知识、能力和态度等方面的差异，因而，还需要进一步探究其内涵。

(2)“双证书说”

持这一观点的学者认为，凡持教师资格证和职业技能等级证的“双证”教师即“双师型”教师。也就是说，取得教师资格证书，具有工程师、工艺师等技术职务，并从事职业教育教学工作的人员，即为“双师型”教师。从现阶段职业教育师资队伍建设的现状来看，这种说法带有很大的普遍性。因为“双证”也正是当前我们判定归属于“双师型”教师队伍行列的核心标准之一。故持此论点的学者认为，凡是持有“双证”的教师就是“双师型”教师。虽然该概念观点从形式上强调了“双师型”教师应重视实践这一特点，但也有持不同意见的研究者认为，“双证”并不一定是“双师”。其主要理由是：目前我国劳动就业准入制度和职业资格证书制度等还不够健全与完善，再加上随着产业结构调整步伐的不断加快，社会上一些职业更替的频率也相应加快，与此相适应的职业院校的专业设置也要不断更新。正是基于这一思考，他们认为，职业院校的专业课教师究竟应该拿什么样的证书、究竟要拿几个证书才能跟上专业技术更新变换的节奏等类似问题一时还无法得到有效解决，这样就自然不可避免地会使职业院校的一些专业课教师因为种种原因暂时或根本无法取得相应的证书。甚至还有研究者认为，若能达到“双师”素质上的要求，职业院校的教师只要具备相应的能力就行了，无需花时间再拿相应证件了。

(3)“双能力说”

从职业院校教师在实践工作中所经常使用技能的角度来看，持这一观点的研究者常常把既有实践教学指导能力，又有专业（行业）实践能力，既有理论教学能力，又有指导实践操作能力的教师归属于“双师型”教师的行列。据此观点，我们完全有理由认为，从内涵上来说，“双能力说”是对“双师型”教师概念最贴切、最本质的理解。然而，作为一种隐性的东西——“能力”，它是由知识内化而形成的稳定的心理品质，难以具体化，更无法用有效的工具来进行科学的测量。因此，在一定程度上，“双能力说”对“双师型”教师队伍的建设有较大的启迪意义与借鉴价值，然而尚不能作为对教师进行评价、考核以及聘用时所应核定的具体标准。

(4)“双素质说”

有研究者认为，从内涵上看，“双师型”教师是在培养职业教育应用型人才的社会诉求中应运而生的。该学说认为，只要满足职业院校“双师”素质的社会规定及要求，其任课教师就没有必要拿证。“双师型”教师应当具备职业院校教师具有的全面职业素质，除拥有普通教师具有的职业素质之外，也应具备其他行业所达到的职业素质。针对此现象，有论者指出，“双师型”教师不是教师素质与工程师素质的简单叠加，而是两者在知识、能力和态度等方面的有机融合。这类教师必须将生产、管理、服务知识和能力充分吸收与内化，并能有效地再现与传授给学生。正是基于这一考量，持这一观点的研究者们普遍认为，“双师型”教师是对“双师”素质的整体特性和整体效用的较好表现与诠释。

(5)“双层次说”

该观点讲述专业知识与开展专业实践共舞，培育学生人格价值与指导学生未来职业规划等是“双层次说”对职业院校复合型教师的诉求。该学说之“双层次”的第一层次是指能力之师，即经师（经典专业知识）＋技师（精湛专业技术）；第二层次则为素质之师，即人师（价值引导）＋规划师（职业指导）。不难发现，用“双层次说”界定“双师型”教师的标准过于理想化，一方面，其增加了对“双师型”教师认定的难度；另一方面，其在现实中缺乏可操作性。若以此标准来衡量职业院校“双师型”教师队伍，则能达到“双层次说”之要求标准的“双师型”教师的人数肯定寥寥无几。

(6)“双元说”

该观点认为，“双元说”中的一元就是教师个体层面的“双师型”教师；另一元则是指整个师资队伍中由校本师资和校外聘请的兼职教师所构成，即二元化的“双师型”师资队伍。一般而言，可以从个体和群体两层面来理解和认识“双师型”教师。就个体而言，在从事职业教育过程中的“双师型”教师是专业教师，他们既能传授专业理论知识，又能指导专业实践，同时还具备“双师”知识、能力等素质。就群体层面而言，从学校整体师资队伍建设出发，“双师型”教师队伍是由学校部分专业基础理论知识扎实、任教经验丰富的“理论型”专职教师和部分聘任的专业实践经验丰富的企业“技能型”兼职教师所构成的。这样不仅可以发挥“双师型”师资队伍建设与专兼职结合的师资队伍有机融合的优势，而且克服了单纯从教师个体角度培养“双师型”教师的弊端，进而有效改善传统职业院校“重个体、轻整体，重培养、轻使用”的师资培训模式，最终达到现在所倡导的职业院校“重结构优化、培养与使用并重”的师资队伍建设的目的。

3. 实践领域

一般而言，在中央政府出台有关职业教育发展的相关政策文件之后，各级地方政府也会依据中央政府文件的精神陆续出台一些针对所辖地区职业院校发展的指导意见或暂行办法等类似文件。地方政府颁布的相关政策文件中即使有阐述“双师型”教师概念的，也基本上保持与教育部所拟定的意见一致。

综合以上三方对“双师型”教师内涵的解读分析，我们很容易发现，官方的理解是起主导作用的。相应的作为“双师型”教师培养与建设主导者的实践界，由于其缺乏足够的话语权，故他们仅能在有限的时空中对“双师型”教师的培养与建设进行微调。当然在学术界，也有其自身怀疑与批判的话语权，以及针对现实出现的问题而提出建设性、整改性的建议。然而不容置疑的是，来自职业教育实践领域与学术界的批判及畅通而有效的反馈等均是切实促进政府科学调整其对“双师型”教师标准要求的可能性原因。

（二）基于教师专业化发展角度的内涵

1. 教师专业化概念的提出背景

教育质量是教育发展的永恒主题。当今国际教育发展趋势重要的一点即“教育质量关注焦点已经从改进学校的质量转移到改进教师的质量上”。这一转变在20世纪90年代中期召开的“国际全民教育论坛”十年中期会议上得到充分肯定。而此次会议的核心就是“通过改善教师的地位、培训及士气从而提高教学质量”。在此时期发展中，教师专业化已成为人们广泛关注的问题，人们也越来越倾向于只有真正实现教师专业化，才有可能切实提高与改善教师的职业地位以及社会地位，并进而达到改善教师群体状况和提升教师生活质量满意度的目标。

2. 教师专业化概念的正式提出

20世纪80年代，美国的教师专业化运动引领了世界范围内教师专业化潮流，如今教师专业化已成为现代教育发展和现代人才培养的迫切需要和必然趋势。一直以来，许多专家学者与社会大众讨论和争议教师专业性的焦点在于教师这一行业是否能为一种专业，以及对教师是否归属于专业人员等类似问题。就争议的焦点而言，有研究者视教师行业为完全专业，也有学者仅视之为半专业或准专业，更有甚者不认为其为专业。事实上，评价和考量教师行业专业化的程度是依据他们已有的或自设的专业标准。在教师行业“现在被视为专业或强烈要求成为一个专业”的情境中，“绝大多数人仍认为目前教师至少是‘半专业’的，如果努力进行专业化，是有可能在未来成为‘全专业’的”。

3. 职教师资专业化的发展路向

结合已有的教师专业化的研究成果和职业教育教师发展之特点，这里认为，职业教育“双师型”教师专业化主要应从以下两个方面来进行探讨：一是职业院校教师的自身素质，二是职业院校教师专业化发展的相关保障环境。其中，教师自身专业素质和技能水平的提高与发展是职业院校教师专业化标准构成的核心内容。

（1）教师的自身素质

就职业院校教师的自身素质而言，其具体内容主要包括以下四个方面。

①具备扎实的专业理论基础知识、技术及娴熟的相关技能

首先，职业院校的教师应该精通或钻研本专业相关的理论。职业教育教师在经过较长时间的职前专门训练后，一般具有较强的专业基础。作为职业院校的一名教师，除了自身拥有专业的理论基础之外，更重要的是能够将理论知识深入浅出地、准确无误地传递给学生；其次，教师还应该掌握本专业相关的技术技能，能够亲自动手操作相关工作，准确娴熟地把操作技能、示范要领传递给学生，真正把学生培养成为技能型专家。

②具有专门的促进学生发展的知识体系

诸如职业教育理论和实践方面的知识，包括职业教育学、职业教育

心理学等多层面的知识。为了更好更快地完成培养学生的目标，职业教育教师应切实树立科学的职业教育发展观念，并从本质上掌握和利用职业教育规律，使之运用于学生的培养之中。

③具备职业教育实践能力

一般而言，职业院校教师专业化的教育实践能力主要包括教育活动组织能力，教育性反思意识，教育监控能力以及对学生的行为、学习、交往、情感的指导能力等内容。职业院校的教师应通过进企业实践等多种途径不断提升自身的实践能力。

④具有专业责任感和服务精神

作为一名教师，除了努力成为本专业的权威之外，更要时刻以高度负责的心态对待自己所从事的专业，避免仅仅将教师职业作为谋生手段的想法，并适时培养自己服务社会和他人的精神。

（2）相关保障环境

就职业院校教师专业化发展的相关保障环境来说，创造竞争互助、和谐共生的教师专业化发展环境对教师专业化水平的提升有莫大功效。而为了有效优化这一保障环境，就有必要从职前、入职和职后三个方面为教师的专业化发展创造条件，积极构建完善的教师培训体系。具体而言，一是要多途径、多形式地为广大职业院校的教师提供严格而又专门的职前训练。特别要积极地为他们到企业生产一线接触最新生产工艺创造机会与条件，借以提升他们的专业水平，并不断深化他们的专业化程度。二是要通过为职业院校教师提供多种参与科研工作的机遇和条件，逐渐建立和完善职业教育教师专业研究团队，然后再在完善职业院校教师选拔和任用制度的前提下，切实提高他们的经济地位，并最终不断提升他们的专业化水平。

当然，发展与提高教师自身的综合素质与创设良好的发展后勤保障环境是密不可分、互相依存的，它们两者均是真正实现职业院校教师专业化发展目标必不可少的条件。若仅仅强调两者的一方就不太可能有效达成职业院校教师专业化发展的目标，只有使这两个方面相互照应、相互融通以及相互提升，方能为持续而高效地提升职业院校教师的专业化发展水平创造有利条件，并最终大力促进职业院校教师的专业化发展进程。

4．职教师资专业化发展的内容

基于对职业院校教师专业化发展内容的仔细考量，将从如下两个方面来探究职业教育教师专业化的基本内容：

第一，在就职前，一般而言，在职业院校及教师教育机构，他们均接受了长时间专业熏陶与锻炼，从而获得了扎实的基础知识，并具备一定的职业教育学、职业教育心理学及学科教育学等学科知识。与此同时，他们进入到职业教育教师的行列需要通过严格的职业教育教师资格考核并获得相应的从业资格证书。事实上，他们在入职前同样有着对专业精神、奉献精神和专业道德的诉求。

第二，在工作中，他们拥有各种（尤其是到企业工作现场一线）进行理论学习和技能提高的进修机会，因为在此过程中，他们可以不断发展与完善自身，不断反省自己的工作方式与结果，并由此逐渐成为一名资深的职业教育工作者。作为资深的职业教育工作者，他们具有专业权威性和自主性，不仅能够从积极参与自己的专业团体活动中获得工作价值，而且更重要的是能在与学生的交往中获得从业的快乐和专业成就的幸福愉悦。

事实上，职业教育教师专业化在一定程度上来说是一个发展的概念，不仅可作为一种状态，而且更是一个不断深化的动态过程。与普通教育教师专业化进程比较而言，职业教育“双师型”教师专业化进程中的特别之处主要存在如下四个方面：

一是表现在教育能力上。职业教育教师必须具备双重能力。首先，是理论基础能力，作为一名专业化的职业院校教师，其基本能力应该能够在课堂内外教授与启发受教育者“是什么”“为什么”中体现出来；其次，是拥有娴熟的操作技能及良好的操作知识储备。职业教育教师应该能将熟练的操作技能及规范的操作要领等展示给学生，实际上，这涉及教师的另一个层次的知识——操作性知识，这不仅是职业教育中所特有的，且也是职业教育“双师型”教师的追求目标。

二是表现在进修的途径上。职业教育教师可以选择多种形式的进修机会，不仅可以接受普通高校及其他教师教育机构的在职培训，而且还必须到企业工厂等生产一线接受技术训练。有了这种近距离的接触，他们就可以有效实现知识的更新能力的提升。

三是表现在就业资格上。职业教育教师专业化资格证书要求较严格，倘若一名教师想进入职业院校从事教育教学工作，除要求教师具备基本的教师资格要求之外，还必须拥有其他技术方面的能力等级证书。

四是表现在职业伦理上。与其他类型学校的教师相比，职业院校的教师除具备教师基本的道德伦理之外，还应高度重视职业教育伦理，并了解和运用职业教育伦理，在教授学生技术的同时，对学生实施一定的技术伦理教育。

二、职业院校“双师型”教师专业化发展的外在表征

(一) 就教师个体而言，“双师型”教师的素质特征

1. 知识结构的广博性与交叉性

第一，职业教育并不单纯追求横向学科知识的系统性与完整性，纵向理论知识的层次性与连贯性，而是以职业岗位对所需知识、能力与素质的要求来设置课程体系和优化教学内容的。它所凭借的是一种模块式的横向课程体系。这一模块式的横向课程体系要求各职业院校的授课教师不仅要具备扎实精深的专业理论知识与指导技能，而且更应具备广博的相关学科知识和操作技能。

第二，现代职业劳动不但使传统岗位分工界限模糊起来，而且还使动作技能与心智技能的界限也变得不是那么分明。这种复合型的劳动使未来的劳动岗位不断呈现出边际岗位的形态，结果逐渐造就了交叉性职业和综合性职业（其实职业教育本身就是一种综合性职业）的产生与发展。为了有效应对这一职业岗位结构所发生的悄然变化，各职业院校的教师在知识面上应具有跨岗位、跨专业、跨行业的知识结构。教师不仅要掌握本专业的相关理论知识，掌握本专业对应岗位所应具备的职业技能，而且还要通晓相关的专业行业的基本知识和基本技能，并将各专业

的知识、技能融会贯通，进而渗透到职业院校的教育教学实践活动中去，同时又应及时了解企业生产一线科学技术发展的新知识、新动向、新工艺、新设备，了解各新兴学科、新兴岗位、边缘学科、边缘岗位的发展趋势及最新的就业信息，借以增强教学和就业指导工作的预见性、先进性和前瞻性。要达到这一目标，其关键在于如何帮助职业院校的教师构建起宽基础、跨专业、跨行业的知识结构体系。

2. 能力结构的实践性与应用性

职业院校的“双师型”教师不仅要具备其他教师所必备的基本教学能力，而且还应具备其他教师所不具备的较高的专业实践能力，这也是设置“第二师”的主要目的之所在。所谓专业实践能力主要是指：基本操作能力、技术应用能力和技术发展能力。基本操作能力是指在进行岗位工作操作的过程中，职业院校的教师能按照岗位操作规范的要求，熟练地使用各种工具、仪器、仪表，熟练地操作各种机器设备；技术应用能力则是要求教师能把自身的知识技能和技术应用于生产管理服务一线的实际职业岗位中去，具有融会贯通职业岗位的技术规范、工艺流程、操作要领、故障诊断排除和产品分析、监测、销售等能力；技术发展能力则要求这些教师应具备不断了解、学习、运用新技术、新工艺、新材料的能力；并不断将其应用到生产实际中去。不过，与普通学校教师所具备的能力有别，职业院校的教师偏重把这些新技术、新工艺、新设备、新材料运用于企业生产一线，侧重先进的技术服务对传统产业的提升与改造，其着眼点主要在于如何将科研成果尽快地、最大限度地转化为现实的生产力。普通学校教师则偏重理论研究和科学探索，偏重对高新技术、高新产品、高新材料的深层次研究、设计与制造。

3. 素质结构的综合性与职业性

作为职业院校的“双师型”教师，他们应同时具备作为一名教师和作为一名在经营、服务、管理一线工作的企业员工所应具备的基本素质，能很巧妙、有机地整合两种基本职业素质，借以形成职业院校“双师型”教师所特有的综合职业素质，最终促使职业教育教师能够将理论联系实际这一主线运用在现实的教育教学工作中，不断将教学环节与企业生产的经营、管理和创新等过程紧密结合起来，不断将教学内容与企业生产一线的职业岗位标准和技术技能创新等要求充分融合起来，进而有效彰显职业院校“双师型”教师的综合性职业素质特征。除此之外，职业院校“双师型”教师的这种综合性职业素质还表现在如何培养学生的就业与创业能力上。众所周知，职业性是职业教育的显著特征。这一特性除了要求“双师型”教师在日常的教育教学工作中传授学生一些必要的与生产紧密联系的知识之外，还需要他们灵活利用职业院校教育教学这一平台，不断培养学生的就业能力和创业意识，最终为学生今后的顺利就业与创业打好基础，而此过程，也就是完满彰显职业院校“双师型”教师综合性职业素质的过程。

（二）就教师群体而言，“双师型”教师的特征

1.“双师型”教师专业发展方向的多维性

（1）职业院校的“双师型”教师既是经师，又是人师

职业院校的“双师型”教师是传道、授业、解惑之经师，同时更是把教师职业作为一种事业追求与精神享受之人师。职业院校的“双师型”教师在教育教学过程中不但要承担专业课的教学任务，而且还要以自身人格的魅力塑造学生的人格，以自己的德、才、情给学生以潜移默化的、终身受益的影响和感化。但是在实际工作生涯中，多数“双师型”教师仅把教师职业作为谋生的手段，只注重自身学科专业知识的发展，并且在教育教学实践中，不能严肃、严谨、严格地对待本职工作。这样只注重学科知识的传授，抹杀教师精神境界和思想追求，忽视学生发展的教育教学工作，实质上只是对学生学习活动之知识与技能、过程和方法的关注，无形中忽视了对学生的学习情感、态度与价值观的熏陶。现代职业教育体系的培养目标，是先教育学生成人，再促进学生成才。这样的培养目标，客观上就要求职业院校的“双师型”教师不但要有相应的学问，而且要有伟大的人格和高尚的修养。这种境界同时也是教师完善自我、实现自我、超越自我的享受境界。

（2）职业院校的“双师型”教师不应只是匠师，更应成为艺师

职业院校的“双师型”教师不应只是善教而循规蹈矩的匠师，更应

是教学艺术集大成者之艺师。随着现代社会经济发展对技术型、技能型人才的迫切需求，这样的观念现正在悄然发生变化。作为职业院校的“双师型”教师，不仅要顺应这样的变化，而且更应该切实把握这一发展趋势，进而不遗余力地促进自己从匠师到艺师的转型。面对新生代学生，职业院校“双师型”教师不仅要教学技术圆熟高超，而且要充满激情且有着丰富的艺术细胞。“双师型”教师的概念虽然自提出之日起就充满了争议，但是，其大致内涵却得到了普遍认可。专业化发展的“双师型”教师，有着深厚的学科知识和广阔的学术视野，在课堂上，能把教学艺术化甚至浪漫化，从而使课堂从始至终充满活力，使学生听起课来兴趣盎然。

(3) 职业院校的“双师型”教师不仅应是技师，更应该是哲师

职业院校“双师型”教师不仅是技术高超经验娴熟的技师，更应是创造学生与自身精神世界的哲师。无可否认，专业技能是职业教育师生的立足点之所在，实践性强是职业院校教学的重要要求。但是，社会发展需要健全的完整的“人”。这一点对于职业院校来说，无论是“双师型”教师还是学生，概莫能外。教师是学生发展的引领者。职业院校“双师型”教师要尽力在思考中开展创造性教学，追求有理念支撑和思想深度的教学。这样的教育教学过程是一个创造的过程，在创造学生的精神世界的同时，也创造着自身的精神家园。因此，从这一层面而言，“双师型”教师既需要掌握娴熟的技术，以便在教育教学工作中成为促进学生技能完善的“技师”，而且还要养成深厚的教学功底，用自己崇高的人格魅力和职业品德不断铸就学生优良的人格修养，进而使自己成为严格意义上的“哲师”。

2. “双师型”教师专业发展渠道的多元性

《国家中长期教育改革和发展规划纲要》指出：“要完善培养培训体系，做好培养培训规划，优化队伍结构，提高教师专业水平和教学能力。通过研修培训、学术交流、项目资助等方式，培养教育教学骨干、‘双师型’教师、学术技术带头人和优秀管理干部，造就一批教学名师和学科领军人才。”这一要求随着职业院校“双师型”教师研究的不断

深入以及现代信息技术的快速发展，职业院校“双师型”教师专业发展的途径日趋增多。然而要想真正形成本质意义上的“双师型”教师，就需要不断通过企业和学校双重途径及完善四种经历，借以切实达成“双师型”教师专业化发展之愿景。

（1）建立培训基地，为职业院校“双师型”教师的专业化发展提供平台

职业院校“双师型”教师专业化发展是一项系统工程，必须通过相关培训基地的建设，来为其专业化发展提供规划得体、科学适切的指导。在培训实践中，以职业院校为基地的培训模式，是范围较广、效果较好的培训方式。此模式为职业院校“双师型”教师专业化发展提供了系统的组织保障和优良的文化氛围，至今乃至在今后较长一段时期内仍发挥着不可替代的重要作用。

（2）开展校本培训，为职业院校“双师型”教师的专业化发展提供资源

专业发展不仅能为“双师型”教师的专业化发展创造生长环境，而且还能为教师的专业改良提供实践情境。由于教师的专业成长过程总是贯穿于职业院校的一系列教育教学活动之中，而教育教学活动中不可避免地会出现各种让人意想不到的问题或挑战，以这些问题或挑战的有效解决为前提要求的“校本培训”模式，能让教师们在自己熟悉的环境中迅速提升自己的专业水平和职业能力，进而成长为理论功底扎实、实践水平出众的“双师型”教师。正是基于这一考虑，以职业院校教育教学工作中的实际问题为基准点而设置的“校本培训”模式能有效提升职业院校教师们的“双师”能力。

（3）进行校本研究，为职业院校“双师型”教师的专业化发展提供条件

职业院校教师大多数是在学校和生产实践这些特定的场合中工作的，这类教师应具备相应的科研与教学能力，要有重视高新技术的开发、理论知识的研究以及在生产实践中灵活应用的意识。“双师型”教师开展校本研究，能有效提高自身的知识层次和理论水平，开阔自身的

理论视野，并对教学和生产实践中产生的种种问题进行透彻、系统、全面的分析，进而将理论成果尽快应用到生产实践中去，借以提高教学工作和生产实践的效率。除此之外，职业院校“双师型”教师还应该重视教研活动的开展，勇于探求更先进的教学方法，设计更为科学合理的学科知识体系，从而为职业教育的科学发展做出贡献，进而更好地为职业教育的培养目标服务。

(4) 依托相关企业，为职业院校“双师型”教师的专业化发展提供载体

职业院校培养的是服务于生产、建设以及管理一线的应用型人才，与企业的紧密联系是此类院校区别于其他类型学校的重要特征。因此，职业院校“双师型”教师应当了解掌握最新的技术和生产工艺，具备与所授理论课程及实践指导课程相应的专业知识。这就要求“双师型”教师要及时了解行业和职业的最新进展情况，并具备相应的工作经验和生活阅历，即同时具备经验性知识和实践工作经历；要通过在相关企业观摩和实践等渠道，把行业、职业知识及实践能力融合于教育教学和实习实践之中，并根据行业职业最新变化动态，及时调整教育教学内容，切实改进教学日标。

在相关企业中建立的实习实训基地，是职业院校培养技术技能人才的重要条件，也是实验实践实习的必备场所，同时还是“双师型”教师专业化发展的载体之一。通过依托相应企业建立的实践教学基地，职业院校“双师型”教师得以参与生产实践，了解一线生产设备、技术工艺的相关信息，借以适应科技和生产发展变化的要求。为此，职业院校“双师型”教师可以到企业一线挂职锻炼，在生产实践中掌握专业技术发展态势，及时消化和吸收最新成果，进而不断增强自己的专业实践指导能力。

3. “双师型”教师专业发展形式的多样性

分析当前职业院校“双师型”教师的研究态势，不难发现学者们从各自的研究视角对此问题进行了相应的探讨。虽然这些诠释或多或少地

阐明了“双师型”教师的内涵，但在实际的职业教育教学工作中，各职业院校“双师型”教师的专业发展的行为表征却异常复杂，并且在不同阶段影响“双师型”教师专业发展的主导因素也不尽相同，因此，职业院校“双师型”教师的专业发展形式也必然会是相互转化的，甚至是相互兼容发展的。具体而言，其主要包含以下两个方面的内容。

（1）学历提升与能力提高相伴

职业院校“双师型”教师的专业化发展，既包含了学历的提升，也包含了能力的提高。鉴于目前职业院校教师学历层次的现状，很有必要通过继续教育、远程教育等不同方式，及时提升他们的学历层次，这一提升过程属于理论方面的提高。同时，作为专业化发展的“双师型”教师，其实践技能的提高同样必不可少。考虑到当前职业院校和企业的实际生产环境，我们可采取企业顶岗实习培训等模式，通过现场讲解、专题观摩、研讨交流和技能培训等渠道，不断熟悉相关行业企业先进技术、生产工艺与流程、管理制度与文化、岗位规范、用人要求等信息；学习所教专业在企业生产中应用的新情况、新技能、新工艺、新方法，进而增进自己对企业生产和产业发展的了解深度，最终结合企业实践改进实践教学工作。

（2）职前学习与职后进修并重

随着学习型社会的到来，职业院校“双师型”教师的专业化发展，必须强调职前学习与职后培训并重。职业院校“双师型”师资职前的发展和培养工作，主要依靠综合性大学的职业教育相关学院以及职业技术师范学院来实施。对于新入职的师资，虽然具备相应的学术基础知识和理论修为功底，但是他们的实操技能却普遍较为薄弱；同时由于他们是从高等院校进入职业院校的，伴随着人才培养模式和身份角色的转换，就必然会要求他们高度重视新入职时的培训以及工作之后的进修机会。因为唯有如此，才能促使职业院校的“双师型”教师在自己专业化发展的道路上勇往直前。

第二节 “双师型”教师专业化发展的原则与标准

一、职业院校“双师型”教师专业化发展的建构原则

职业院校“双师型”教师专业化发展建构原则是我国职业院校“双师型”教师队伍建设及教师个人专业化发展过程中必须遵循的基本原则，这些原则是在长期的职业教育实践过程中总结和归纳出来的，具有较强的操作性和科学性。

(一)发展性原则

教育部明确指出，职业教育“以内涵建设为着力点，整体提升职业院校办学水平。现阶段职业教育要以保证规模、加强建设和提高质量为工作重点，拓宽办学思路，整合办学资源，深化专业与课程改革，加强‘双师型’教师队伍建设”(《教育部关于推进中等和高等职业教育协调发展的指导意见》)，努力保证职业教育的快速健康发展。

1.职业院校的培养目标

职业教育是一种以就业为导向的教育形式，具有极强的就业针对性，其本质意义在于培养各种技术技能型的专业人士。当前，科学技术发展日新月异，社会发展蒸蒸日上，职业教育界各种最新理论思潮、前沿科学技术、高端新颖工艺不断涌现。这些理论和工艺技术不仅为职业院校的教育教学内容提供了大量的素材，并且也对各职业院校教师的教学水平、知识程度和专业技能等提出了许多更高、更严的挑战和要求。

2.职业院校的师资要求

实施国家技能型人才培养工程，加快生产服务一线急需的技能型人才的培养，特别是现代服务业、现代制造业紧缺的高素质、高技能专门人才的培养，是当今职业教育发展的首要任务。而教师作为影响职业教育发展的最关键因素，“双师型”教师的数量和质量势必会直接影响甚至决定职业教育的发展规模与速度，并最终影响职业教育质量的提升。

因此，教师无疑是职业教育内涵式发展的核心力量。正是基于这一思考，职业院校良好的专业发展活动必须让教师把握企业一线职业岗位的真实标准和职业院校教育对象的现实发展基础，进而让教师真正承担起专业发展的责任，承担起教师教育者的义务。为了达成这一良好愿望，一方面要求广大职业院校的教师成为自我教育者、成为自主发展者；另一方面，还要求职业院校的教师要不断通过合作互助，共同承担起促进专业实践共同体内其他成员发展的责任。

综上所述，对于职业院校“双师型”教师的培养，应本着发展的眼光看待问题，要让教师在发展中不断丰富自己的专业知识储备和实践操作技能。与此同时，还要求教师在专业发展的过程中逐渐具备较为宽广的学术视角，及时了解获知学术前沿和科技应用的最新情况，进而不断适应教学内容更新和操作能力提升的发展要求，最终使自己更好地胜任职业院校的教育教学工作。

（二）针对性原则

由于各职业岗位所要求的专业技能、知识水平和品德修养等都不尽相同，这就意味着要在职业院校“双师型”教师专业化发展的过程中，找准方向、明确目标、把握力度、选准对象、理顺思路，有针对性地做好“双师型”教师的队伍建设工作。

1. 职业院校“双师型”教师队伍的培养宗旨

职业院校培养的是学有专长的技能型劳动者。这一专门化的培养目标需要职业院校的教师具备专门的职业教育学科背景知识和较为精深的实践技能素养。故职业院校“双师型”教师的专业化发展，一方面要求他们必须具备职业教育学科知识和职业院校教育教学技能等基本条件，因为职业院校基于企业实境和虚拟课堂情境类的教育教学方式，是“双师型”教师将职业教育学科知识与职业岗位操作技能等本领传授给学生的最主要形式。例如，德国的“双元制”职业教育制度中就规定有职业院校教师去教育学院进行为期两年的教育科学知识学习等内容。另一方面，还要求职业院校“双师型”教师的培养工作密切注意到教师所教授科目的不同。由于职业院校的各个学科具有极强的专业差别性，各个学科所具备的专业知识和操作要求也千差万别，如果职业院校的“双师型”教师不能奠定坚实的学科知识和娴熟的专业操作技能基础，那么，他们在教学过程中必然会漏洞百出、错误横生，进而贻害学生。同样以德国“双元制”为例，它们在专业知识技能培养方面，就要求职业院校教师一般要有长达五年的专业学习经历，从而使教师具有宽厚的行业专业基本理论、基本素养与技能。

2. 职业院校“双师型”教师队伍的建设要求

职业教育“双师型”教师的根本任务，就是使职业院校的学生具备在企业和行业从事专门技术工作所必须具备的学科知识、实际能力和职业素养。由此，职业教育教师的教学实践必须与不断变化的专业技术人员的职业实践要求相适应。鉴于职业院校教师处于相对复杂的工作领域，故其教师所应掌握的专业知识和专门技能也就自然会更复杂与多元。正是基于这些考虑，职业院校教师的培养及其专业化成长，必须目标定位准确、内容选取恰当、实施过程合理、结果评价科学。只有经过这一严格的、持续的教育、培训和进修过程以及长期的教学实践活动，教师才能习得、维持、深化自身的专业能力，最终推动职业院校实现以就业为导向、以服务为宗旨的办学目的。

(三)一体化原则

职业技能是职业院校的学生、教师区别于普通中等学校学生、教师的显著标志之一。为切实有效彰显职业院校教师的这一典型标志，职业院校的“双师型”教师之专业发展应深度融入教师的具体专业实践中，通过反思性实践和经验学习等形式，实现自己专业实践与专业发展一体化发展之目标。换句话说，我国职业教育的“双师型”教师培养之目标就是要建设一支“一体化”的职业教育师资队伍。

1. “一体化”原则的内涵

为了合理有序地达成这一目标，必然会涉及职业教育师资培养的另一个原则，即“一体化”原则。“一体化”教师指的是既具有相关专业知识并能以适当的方式传授给学生，又能在实习实训中指导学生的个体或群体。而“一体化”原则，是指职业院校的教师既有理论教学能力，又有实践教学能力；既谙熟专业理论知识，又能娴熟应用专业技能；既能从容应对课堂，又能自如操作设备。这就是说，“一体化”原则需要职业院校的教师同时具备理论和实践两大教学能力。

2. “一体化”原则与“双师型”教师专业发展

“双师型”教师固然包含了理论与实践、学术与技术之“双”，但是，实际工作中最为需要的职业院校“双师型”教师，应该是在理论知识和实践能力上整合呈现出的“一”。因此，结合我国职业教育在长期的发展过程中所形成的对职业院校“双师型”教师的相应要求，“一体化”原则应该自始至终贯穿于“双师型”教师专业发展过程之中，成为“一体化双师型”教师。所谓“一体化双师型”教师，是指既具有教师系列职称，又具有在相关专业、行业领域实际工作的背景、经验及表征其水平的专业技术职务，集理论教学能力和实践教学能力于一体的专业课教师。

3. “一体化与双师型”统合

既然是“双师型”教师，当然能够既讲解专业理论，又具有在相关行业领域实际工作的经验、阅历或专业技术职务。但是“双师”不能割裂地看待，而要在专业理论知识和专业实践技能上实现整合，达到统一。因此“双师型”和“一体化”两个概念并不矛盾，它们二者相辅相成，相伴相生。今后职业院校“双师型”教师的培养工作必须将专业要求的学术知识和在相关行业领域实际工作的经验技能等完美地结合起来，借以实现专业理论教学能力与实习实训指导技能的有机合一。

二、职业院校“双师型”教师专业化发展的价值取向

随着“双师型”教师研究的深入和认识的深化，这一概念的科学性和合理性不但已经得到了学术界严谨的理论层面的论证和教育界广泛的实践层面的检验，而且还得到了国家教育部门的高度认可和大力推广，

由此可以断定，“双师型”教师这一概念的科学性和合理性已不容置疑。当一名教师通过主体发展成长为一名被公认的“双师型”教师之后，他的发展即被认为是成功的。但是，关于什么是“双师型”教师却没有一个普遍被大家认可的结论。“双师型”教师概念的内涵会随着时代的发展变化所需而不断发生演变，故“双师型”教师要实现专业化发展，就要以专业型、职业型、实践型和综合型为目标。

(一) 建设“专业型”教师队伍

职业院校“双师型”教师专业化发展是相关领域研究的焦点之一，在这个问题上大多数学者几乎形成了一个普遍的结论：教师是一种可以专业化、也必须专业化的职业，故“专业型”教师就成为我们探讨职业院校“双师型”教师专业化成长价值取向的一个基本前提条件。

1. 职业院校专业教师培养的课程标准

“双师型”教师职业的专业化是以教师个体专业化为基本单元的，是素质内化的过程。根据联合国教科文组织职业教育师资培养的国际课程标准，职业院校的专业教师至少应达到以下五个方面的要求：一是在专业领域要有一定深度的造诣；二是要具备本行业领域的基本的知识与方法，包括行业发展、职业标准与职业资格要求等方面的内容；三是熟练掌握职业教育的教学方法，这一知识与方法应包括职业分析与课程开发、具体的教学方法与应用、职业教育考试方法等内容；四是要有一定的企业实践经验；五是具有规划及组织学习、教学和培训的教学实习经验等。

2. 职业院校的教师是“专业型”教师

由上述课程标准可以明显看出，“双师型”教师首先要做一个“专业型”教师。有关研究表明，专业发展是职业教育教师技能不断更新的重要手段。随着企业生产工艺和创新技术的快速发展，职业教育教师的专业知识与操作技能也需要不断发展与更新。不但如此，职业院校的教与学之新方法的变革也要求教师扮演监护者、辅导者、引领者等角色，来帮助学生在近似真实的工作场景中习得本领、形成技能。为此，职业院校的教师必须会使用新技术、新手段、新流程、新方式，才能为经常变化的角色和职责做出相应和适当的反应。而为了这一相应和适当之反应的科学达成，职业院校的教师还需要一个长期而有效的专业发展计划和对当前最新知识和技术进行学习的途径，以提高他们的实践操作能力和教育教学水平。

（二）成为“职业型”教师

职业教育作为一种以就业为导向、以培养技能型人才为目标的教育类别，其与普通教育比较起来，最大的不同点就在于它旗帜鲜明的职业属性，因此，“双师型”教师的专业发展必须建立在该职业属性的基础之上。职业不等于专业，教师这门职业是在整个专业生涯中，通过教师终身专业训练，逐步提高自身素质，习得教育专业知识技能，表现出专业道德，成为教育专业人员的专业发展过程。

1. 职业院校教师专业的职业性

从现代职业教育的起源来看，任何职业劳动和职业教育都是以职业的形式进行着的，这一既定的形式意味着职业的内涵既规范了职业劳动（实际的职业种类或就业岗位）的维度，又规范了职业教育（职业教育专业设置、职业教育课程内容和职业教育评价）的标准。专业的职业属性是职业教育作为一种主流教育类型生存发展最本质的基础，是职业教育区别于其他教育类型最本质的特征之一。职业教育的专业门类与各种职业之间存在着一种紧密联系，这正是职业教育各专业本质属性之所在。由此，职业不仅是个体所获取的职业资格与所习得的工作经验的一种有机组合，而且更是个体与社会融合的一种载体；不仅是个体社会界定的一种媒介，而且还是个体与社会交往的最本质的一个空间。国家正是通过专门的职业劳动这样一个特殊的社会组织形式，对社会环境稳定和个人心理稳定实施有效的调节与控制。

2. 推进职业院校“双师型”教师专业化特色发展

为保障工作实效，职业院校“双师型”教师专业化发展要切实符合职业教育的发展特色，教师的专业化发展不只是简单地对技术的掌握和对操作程序的理解，而是需要教师能动地运用教育思想对技能和程序进行反思，从而加深对技术技能和操作程序的理解和内化。职业教育的特点决定了职业院校的教学内容必须与当前的经济社会发展需求和企业生产实际密切联系，决定了职业院校必须实现教学、生产、科研的有机结合，并把企业的先进管理理论、科学管理制度和最新的技术工艺等融入具体的教育教学工作和实训实习指导实践之中，全面提升职业院校学生的知识水平和操作技能，培养出胜任工作要求并具有发展潜力的人才。这一光荣任务理所当然地要求职业院校的“双师型”教师成为“职业型”教师，因为只有具备了从事职业教育的相关要求的“双师型”教师才能扮演职业院校产学研等活动的主角。

3.“双师型”教师的职业特征

职业院校“双师型”教师的职业特征主要包括以下两个维度的内容：一是时间维度，主要指职业院校的教师将一生中所有的工作活动与工作经历按年度顺序串接成的整个过程；二是领域维度，包括职业理想、知识水平、教育观念、教学监控能力、教学行为与策略以及对教学的心理感受等。以就业为导向的职业教育以其鲜明的职业属性，诠释了职业教育的功能及其与劳动分工之间所存在的天然而紧密的联系，这一联系决定了职业院校“双师型”教师的职业属性是其专业化发展不可或缺的重要环节。

(三) 成为“实践型”教师

教师的绝大部分知识是在实践中形成的，尤其是职业院校的教师。因为职业院校的教学目标是要培养在生产规格、操作水平、产品质量等方面与社会经济发展需求相匹配的高技能型人才。这一教学目标直接决定了职业院校“双师型”教师要成为“实践型”教师，即职业院校的教师不仅需要掌握与本专业相关的学科理论知识体系（陈述性知识），而且还必须具备与本专业实践操作经验相关的程序性知识，了解企业行业生产一线的技术应用现状，进而能为职业院校的学生进行示范性讲解和操作，即使是担任职业院校文化课教学任务的教师也应如此要求。

(四) 成为“综合型”教师

1. 职业教育之综合性人才培养目标

职业教育的培养目标是以培养社会大量需要的具有娴熟专业技能和相当理论水平的熟练劳动者和各种实用型人才。这些人才绝不是被动的“知识存储器”，更不是被动的“技能机器人”。因为通过职业教育，可以使一个纯粹的“生物人”成长为一个社会所需要的“综合型”人才，但这一“综合型”人才又不仅仅是一个纯粹的职业人，其更多的是一个要生存、要发展、有理想、有情感的社会人。

2. 职业院校专业教师综合性素质要求

“双师型”教师要想胜任上述教学目标之要求，就不仅要有专业的学科知识体系、灵活的教育教学方法、丰富的实践工作经验、纯熟的企业一线的应用技术等素质，而且还要具备社会交往和组织协调、管理与创新、统筹与适应等方面的能力。鉴于职业院校的“双师型”教师接触面广，活动范围大，除了要关注学校本身的发展和建设外，同时要与相关行业相应企业进行交往，又要指导学生参与各项实践活动和相关调查走访等，因此，职业院校的“双师型”教师的人际沟通和统筹协调能力非常关键。这在客观上要求“双师型”教师不但具备优秀的教育管理能力和高超的教学技术水平，同时还要拥有一定的企业管理能力，懂得企业管理规律，并同时具备指导学生参与企业管理的能力。在科技日新月异的今天，社会经济的与时俱进时刻要求职业院校“双师型”教师不断汲取相关领域的最新研究成果，不断更新原有观念，掌握新的技能；具备良好的创新精神，善于组织、指导学生开展各种创造性活动。

俄罗斯著名教育家乌申斯基说过：“一个教师如果不落后于现代教育教学的过程，那么他就会感到自己是克服人类无知和恶习的大机构中的一个活跃而积极的成员，是过去历史上所有崇高而伟大之人物与新一代之间的中介人，是那些争取真理和幸福的人的神圣遗训的保存者，他感到自己是过去和未来之间活的环节。”通过对这段话进行分析，我们发现，其对教师的任务和作用都已经做了最好的诠释，无论是个体结构的"双师"，还是整体结构上的"双师"，都应该具有教师该具有的基本素质和能力。因此，职业院校的教师不能忽略作为一名教师最基本的要求——具备良好的职业道德、科学文化素质、教育教学技术、沟通协调素质等综合能力。

三、职业院校"双师型"教师专业化发展的标准要求

(一) 我国目前"双师型"教师的标准要求

由于不同学者对职业院校"双师型"教师专业化发展认识角度有差异，故我国目前还没有一个公认的统一要求。也正是因为如此，教育行政机构、职业院校自身和相关领域专家学者等在相应的工作中，提出了各自相应的标准。

1. 教育行政机构

我国最高教育行政机构——教育部提出的"双师型"教师标准认为，应满足下列要求之一才能算"双师型"教师：一是能胜任指导本专业实践实验工作，在本专业领域基层第一线从事两年以上工作，具有中级或中级以上职称的人员；二是主持或主研两项应用型技术课题的研究，并且相关成果被社会广泛采纳及带来相应效益；三是通过了教师资格评定，具有中级或中级以上专业技术职称的人员。

2. 职业院校标准

在实际工作中，有些职业院校，根据自身发展需求，制定了相应的"双师型"教师专业化发展标准，认为职业院校"双师型"的教师，应既具备相关专业理论知识和较厚的学术功底，又要具备与专业相对应的实际工作经历和实践经验。具体而言，这一标准应包括相关学历要求、职称条件和培训等情况。

3. 专家学者标准

关于职业院校"双师型"教师专业化发展的研究，相关领域研究者对此进行了比较深入的探讨。有研究者认为职业院校"双师型"教师应具有综合的职业素质和全面的职业能力，既能从事专业理论和专业知识

的教育教学工作，又能开展实习实训工作的指导，还能进行教育科学研究和校本课程开发建设等工作。

分析以往的相关研究成果，我们可以看出，目前职业院校“双师型”教师专业化发展标准具有多样性，且侧重点均有不同。在最初阶段，“一体化”“双证书”被广泛使用和认可，职业院校“双师型”教师最初的标准就是比较简易的“双证书”标准，即教师资格证书和行业技能等级证书。职业院校的专业课教师，只要能够拿到相应的职业技能等级证书，就可以被认为是“双师型”教师。后来随着教育教学实践的开展和人们认识的深化，对包括职业院校教师在内的教师专业化发展及职业化要求进一步加强，职业院校“双师型”教师的要求不再简单机械地停留在“双证”上，而是出现了向多样化演变的趋势。

（二）基于“双师型”教师专业化发展制定的相关标准探讨

当前，我国职业教育正处在一个快速发展的阶段，如果将“双证”作为判定“双师型”教师的标准，那么该证书与实际能力的等值性就值得怀疑了。因为我们更多侧重的是对教师“职前”证书的入门检验，而很少强调“职中”教师能力的持续提升与“职后”能力的考核评价。随着生产技术的不断发展进步和产业结构的逐渐调整，社会职业更新的频率也在不断加快，与此对应的职业院校的专业设置也就要不断地更新换代。既然如此，那么职业院校的教师究竟要拿多少证书才可以跟得上职业变换的节奏呢？从教师专业发展角度来看，“双师型”教师专业化发展应重在职业教育专业课教师专业素质的提高上，特别是专业实践能力的提高方面，而不是将关注重点还放在技能等级证书数量的增加上。

1. 能力本位——制定“双师型”教师“职前”资格标准

能力本位是职业教育教师专业发展的核心，故职业教育要以全面分析职业角色活动为出发点，以提供产业界和社会对培训对象履行岗位职责所需要的能力为基本原则，着力增强“双师型”教师的基本教学能力和实际动手操作能力。

“双师型”作为职业教育教师的基本职业素质，关键应该从进入该职业的入口抓起。具体而言，要借鉴国外职业教育“双师型”教师资格认证制度的先进经验，结合我国实际，由教育行政部门尽快制定适合我国职业教育发展的“双师型”教师资格认证制度，这是“双师型”教师队伍建设的核心及切入点之所在。

“双师型”教师资格标准应包括以下三种能力：

一是教学能力，这一能力不但要求职业院校的教师要具有扎实的专业理论基础，能胜任专业课程的教学工作，同时熟悉相关课程的内容；而且还要求职业院校的教师能胜任专业实训毕业设计课的工作，能运用现代教育教学技术进行日常的教育教学工作。

二是教研能力，它要求职业院校的教师能承担综合课程的开发工作，能积极探索职业教育的教学规律，不断进行教育教学的改革，并具有较高的学术科研水平，能指导专业建设和解决教学中的实际问题。

三是专业实践能力，这一能力要求职业院校的教师要具有一定的实践操作能力和实践创新开发能力。

总之，“双师型”教师能在职业院校的教学工作中不断培育学生的实操技能和创新本领。不仅如此，具有完备专业实践能力的教师，还能在各种实践活动中努力提升自己的实践能力，进而真正达成“教学相长”之目标。从教师个体角度来看，“双师型”教师必须是理论与实践并重，不仅要具备基本的教育教学能力，而且还应具有较高的学术水平，能积极探索专业的科研开发，既是知识的传授者，又是实践技能的示范者。

2. 在职培训——促进“双师型”教师“职中”能力提升

随着各个行业新技术、新工艺的不断更新换代，“双师型”教师的专业素养与实践能力也应紧随技术发展的步伐，“双师型”教师的专业化不仅要经过系统的职前教育，更需要在任职后有计划、有目的地接受在职教师的继续教育。要加快建设我国职业教育教师的职前和在职继续教育体系，以此来全面系统提升职业院校“双师型”教师的学术理论知识和实践指导能力的水平，进而不断提高职业教育教学效果。

首先，要建立专门的教育机构来培养专业化的人才。我国近代第一个学制《癸卯学制》，就为发展实业教育建立了培养实业教师的教育机构——实业教员讲习所。改革开放后，国家为了推动职业教育的改革与发展，陆续建立了一批专门为职业教育培养师资的职业技术师范学院。这类学校在培养专业化的职业教育教师领域开展了相关的研究，并取得了一定的成效。然而，从全局来把握，这些学校现有的培养规模还远不能满足职业教育发展的需要，其培养目标、培养内容、培养模式等方面还存在与普通高校、普通师范院校趋同的隐忧，在这类学校毕业进入工作岗位的相当大的一部分学生，不能有效彰显他们所学专业的特色和优势。出现此类问题的关键在于，当前我国的职业教育师资培训工作缺少一套行之有效的具有“双师型”特点的教师教育标准体系。

其次，我国的职业教育教师培训体系应突出与行业、企业的密切联系。具体来说，一是要加强培训基地建设。由政府牵头，职业院校应该与企业共同组建职业技术教师教育基地。在培训机构的建设上，要充分发挥现有高等院校的作用，同时吸收有条件的企业加入培训工作中来，并使其作为培训基地的一部分。二是要全面建立职业教育教师企业实践制度。职业院校的在职教师每一个培训周期必须到相关企业或生产服务一线实践，借以了解企业的生产组织方式、工艺流程、产业发展趋势等基本情况，熟悉企业相关岗位职责、操作规范、用人标准及管理制度等具体内容，学习所教专业在具体工作中所采用的新方法、新流程、新技术，借以提升工作水平和效益。

3. 终身教育——保障“双师型”教师“职后”能力评价

教师职业是一个特别需要学习的职业，通过不断学习改变自己的知识结构和教学能力水平是教师工作的重要组成部分。教师的职前教育与在职教育应该整合起来，从而满足终身学习理论和回归教育的需要。职业教育与经济社会发展联系密切，社会需求经常发生变化，这必然会引发以社会需求为前提的职业内涵和职业外延的调整，这就不仅要求职业院校“双师型”教师们要根据各门职业的发展状况及时调整教学内容和教学方法，而且还要求教师不断根据社会产业结构的变化及时更新自身的专业水准和职业技能，因为只有这样职业院校的“双师型”教师才能始终走在知识创新和技术进步的最前沿，进而向学生提供真正理解与把握信息社会的“金钥匙”。

“双师型”教师资格并不是终身属性的资格，特别是随着新工艺、新设备、新标准等在生产、服务第一线的不断涌现，职业技术院校的专业型教师必须加快自身专业知识的更新进程，必须在走上教学工作岗位后不断学习、实践才能不掉队、不落伍，并及时把自己所学的新的理论知识和专业技能应用到实际教学工作之中。所以，职业院校“双师型”教师的培养并不是一劳永逸的，对他们的认定也不是终身制的，而应具有时效性。所以，加强对职业院校“双师型”教师的职后进修培训乃至学历提升工作，进一步建立健全中国特色的职业院校教师资格继续教育体系，不仅是全面提高职业院校教师综合素质的迫切需求，而且也是有效保障职业教育科学有序发展的核心要求，甚至还是大力促进职业教育更好更快推动经济发展的必要条件。

四、职业院校“双师型”教师专业化发展的目标体系

职业院校“双师型”教师专业化发展需要有相应的目标，而目标的制定则需在教师自身需求和外部需求（专业发展标准、学校发展目标等）之间保持着一种平衡，教师自身应参与目标的制定与确定，将根本目标指向学生的学习，从而使教师个人目标与学生实际需求有机结合起来。

“双师型”教师作为我国职业教育教师队伍建设的重要内容，是促进职业教育有效发展的最为关键性的因素，是关乎职业院校生存和发展的一项重要的“战略性目标”。因此“双师型”教师的数量和比例，也就自然成为衡量职业院校教育教学质量的重要指标之一。

相关研究表明，职业院校“双师型”教师专业化发展的一项重要前提是构建合理而有效的目标体系，借以为教师专业化发展提供方向性的

指引作用。职业院校“双师型”教师专业化发展的目标体系是由纵向的教师个体成长过程和横向的教师素质经历所构成的复杂体系。职业院校“双师型”教师专业发展的横向目标所体现的是职业教育特点对教师能力构成的关键目标要求。

（一）理论知识层面

1. 专业理论知识的解构与重构

专业理论知识主要涉及教师对于本专业领域的最新理论成果、前沿操作技能和关键核心技术的掌握学习与熟练运用的能力。随着科技的不断更新发展，大量新设备、新技术、新工艺在各行各业实践生产领域中得到了广泛运用。这一方面为职业教育教学的内容发展与更新提供了更为丰富的素材，另一方面，也对职业教育的教学和教师的专业能力提出了更高的要求。

职业院校的教师作为教学活动的组织者与实施者，其专业理论知识水平的高低直接关系到职业教育的教学效果，因此，教师必须首先掌握相关的专业理论知识，具备从教育学的角度将相关知识融入职业教育的教学教授能力，并不断跟随技术的变革及时对教学内容做出相应的调整和补充。这样，职业院校的教师就不仅仅满足于入职前所接受的专业教育基础上的静态专业理论内容的掌握和理解，还要在入职后动态的社会现实职业工作中不断学习，及时汲取本专业及职业领域最新的知识与技能，构建自身的与职业相关的理论知识体系，以满足高质量的职业教育教学要求。此外，从职业工作的现实需求出发，各行各业对从业者的专业知识与技能水平的要求不断提高，这在客观上也要求为生产岗位培养人才的职业院校的教育教学活动能够及时将已经或即将在生产中应用的各种新技术、新方法、新工艺反映到职业院校的教育教学过程中，并最终通过教学活动的实施使职业院校的学生即未来的从业者掌握相关专业的知识，造就相应岗位的职业能力。

因此，职业院校“双师型”教师的专业化，就必然会要求职业教育教师建立专业知识补充和更新的长效机制。在学习内容方面，应针对新产品、新技术、新工艺、新设备及新职业中高新技术对教育教学所提出的新的需求，及时选取和补充相关的学习内容；在组织形式方面，要采取短期或长期、脱产或者在职相结合的方式，以及真实与虚拟相结合、真实与仿真互补的教学手段和现代教育技术，采取课堂教学、企业考察、网络教学、远程教学等正规与非正规学习等多种学习形式。

2. 职业理论知识的迁移与处置

职业理论知识是指职业教育教师应具备的与职业教育学相关的专业理论知识。职业院校的教师首先要从思想观念上深刻认识到，职业教育是有别于普通教育的另一种类型的教育，要深刻认识到职业教育是“对人们就业以及在社会上承担社会与生态责任的生活所需要的资格与能力获取过程的前提和条件、目标、可能性与现实性进行研究”的科学，它关注的是“职业教育的历史沿革、现实状况和未来发展等”。深刻认识到职业教育与普通教育的联系与区别，才可以帮助职业院校教师在整个教育大视野之中，对职业教育教学开展深入研究，并将相关研究成果有效地运用于教学实践之中。

职业教育教师教育学知识水平和教学能力的提高须从两个方面做出实质性努力，一方面须强化学习职业教育理论，另一方面要不断提升教师对职业教育特征的认识程度，尤其是认识职业教育的对象、课程、专业与教学过程特征，并掌握职业教育的专业教学方法。而目前在我国职业教育师资培养与培训中，职业教育学相关知识的缺失与不足是普遍存在的严重问题，这突出反映了职业教育理论的学习和研究较为薄弱，尤其是与职业相关的职业教育课程的缺乏和师资培训力度的不足。

因此，职业院校“双师型”教师的专业化发展，要求在教学内容方面，应充分发挥国家机器的作用，积极组织开展一些有关职业教育教学改革方面的专题研究工作，开发有针对性的职业院校的教师培养与培训的相关课程、教材及培训方案，既要包括普适性的教育学心理学知识，也要包括针对不同职业的专业教学论和专业教学法等，以确保职业院校的教师在具备通用教学论及心理学知识的基础上能够掌握与普通教育不同的职业教育的教学法知识；在组织形式方面，应突出强调职业院校师资培养课程的更新换代，不断改革传统的课程教学模式，开设与各职业相关的专业教学论和专业教学法课程等。

（二）实践能力层面

1. 职业领域的专业技能在生产实践中的应用

职业院校“双师型”教师的职业理论知识是指教师应具备的能驾驭与本专业相关的职业工作过程中所需要的理论知识。随着职业教育教学改革的不断深化，传统的照本宣科式的教学方式已不能满足现代职业教育教学改革的需求。职业院校的教师必须善于将工作岗位以及工作过程转化为便于学生学习目标达成的工作任务及相应的教学情境，并指导学生在专业学习的过程中进行自我建构、自我探究式的学习。正是基于这一考虑，职业院校的教师必须首先了解与本专业相关的职业领域，了解该职业领域的职业工作过程，且必须具备相当的职业实践经验。

通过强化企业工厂等真实情境的实践训练，派教师直接参加与职业相关的企业一线生产训练，并通过现场观察、专岗工作等多种方式，使职业院校的教师熟悉并掌握与本专业相关的典型职业工作任务和工作过程的经验和知识。这种企业实战训练应贯穿于职业院校教师入职初期的适应阶段、积累教学经验的成长阶段，甚至专业技能趋于成熟稳定的专业化全过程。

“双师型”教师的职业化，要求职业院校的教师应掌握职业工作知识，以弥补教师职业实践的缺失。在教学内容方面，就行业经济结构调整对人才规格、技术革新和企业发展提出的新要求，开展有针对性的学习与培训；在组织形式方面，采取“走出去”与“请进来”相结合的方式。所谓“走出去”，就是要充分调动企业的积极性，依托影响规模大、效益好、创新能力强的大型及各种小型企业，建立相对稳定的由企业与学校联合创办的培训基地，组织职业院校的教师定期在培训基地进行实践培训；所谓“请进来”，就是指职业院校定期聘请相关企业的工程技术人员及管理人员来学校授课、讲说、举办讲座，或将其聘为兼职教师等。

2. 职业领域的教学技能在教育实践中的应用

职业院校“双师型”教师应具备驾驭与专业相关的职业教育教学过程的能力。“双师型”教师的教学实践能力，直接关系到学生对专业知识与技能的学习与掌握。强化职业院校教师的教学实践能力，就要鼓励教师积极参与到与职业有关的教学过程的设计中去，在具体教学实践中，在熟练掌握职业工作任务的基础上，运用职业教育教学论方面的相关理论知识，开发职业教育相应的课程，进而成为能科学驾驭职业教育教学全过程的巧手。同时职业院校教师还要参考自己的教学实践开展教学研究，以促进教学行动能力的不断提高。这就要求职业院校的教师要善于开展“行动导向”型的教学模式。姜大源先生曾在《职业教育学研究新论》一书中阐述了该模式的具体内涵：“这里所说的行动，既包括个体的主观意识行动，又包括个体的客观具体行动，即要实现动作行动与心智行动的整合。职业教育行动导向的教学理念强调，学生作为学习的行动主体，要以职业情境中的行动能力的养成为培养目标，以基于职业学习情境中的行动过程为提升途径，以独立的计划、独立的实施与独立的评估的行动为学习方法，以师生及生生之间互动的合作行动为学习方式，以强调学习中学生自我建构的行动过程为学习过程，以专业能力、方法能力、社会能力整合后形成的行动能力为评价标准。”针对这一理念，职业院校“双师型”教师的专业化发展，要求在教学内容方面，应针对技术类教育的特点，学习掌握项目教学、案例教学、角色扮演等教学方法；在组织形式方面，可采取经验交流会、学术报告会、专家讲学、教学观摩、开设精品课程等方法，建立相应的激励机制，鼓励职业教育教师积极投入职业教育教学改革中开展行动研究。

（三）阶段目标层面

职业院校“双师型”教师专业化发展的纵向目标体系贯穿于教师职业发展的各个阶段，是依据教师个人职业成长规律而构建起来的目标体系。基于这一考虑，这里认为职业院校教师专业发展的纵向目标应该由初级、关键和成熟三大子阶段目标组成。

1. 教师职业成长初级阶段——合格教师

职业院校教师职业成长的初级阶段是指教师刚入职后的职业岗位适应期。这一阶段的教师在职业道德、知识水平、实践技能和心理素质等方面均处于起步阶段，属于合格教师的认可时期，这一时期一般为1～4年。

2. 教师职业成长关键阶段——骨干教师

积累教学经验的阶段是职业院校教师职业成长的关键阶段，这一阶段一般出现在职业院校教师入职后的5～8年之间。职业院校的骨干教师应具有较高的学历以及中级以上的专业技术职称，在专业领域内应具有扎实的理论基础和专业知识，勇于实践，敢于创新，对本专业的现状与发展趋势有相当程度的了解，并有较深入的专业研究领域，在课程开发、课堂教学组织设计、专业研究等方面均有一定的成果。

3. 教师职业成长成熟阶段——专业教师

职业院校教师职业成长成熟阶段是指教师专业发展趋于稳定的成熟阶段，一般出现在职业院校教师入职后的10～15年之间。职业成熟阶段的职业院校教师要具有较高职业道德、学术造诣、专业技术能力以及明确的专业研究方向，并且能够取得一定的教学和科研成果，能带领专业教学团队进行科技攻关等。

第三节　“双师型”教师专业化发展的内容与结构

一、职业院校“双师型”教师专业化发展的内容范畴

想要透彻了解“双师型”教师专业化发展的内涵，我们还得从职业院校“双师型”这一经典概念出发，从内涵解读之角度来探寻“双师型”教师专业化发展的内容范畴。通过寻绎可知，传统意义上的“双师”，一个是指具备教师资格且具备从教能力的“教师”，另一个指具备其执教的相关专业的职业资质的“技师”（如会计师、建筑师、工程师

等)。明确了这一经典界定之后，我们就可以按此划分出具体的职业院校阶段的“双师型”教师专业化发展的内容范畴：教师的公共专业知识内容范畴和从教的某一专业的教学专业知识内容范畴。

所谓教师的公共专业知识内容范畴就是说“教师怎么教”的问题，这一知识内容范畴不仅是职业院校的教师所面临的教学问题，而且也是所有阶段的教师所面临的基础性与普遍性的问题。教学专业知识内容范畴则是侧重于“教师教什么”的问题，在知识内容范畴方面，职业院校的教师虽然能够在其他学科、其他阶段的教师的教学经验中获得一定的启发与借鉴，但是教育教学中遇到的疑难问题，最终还需要通过自己的经验总结和教法提炼等加以解决。

职业院校教师也有不同层次、梯级和类型之分，一般有基础理论教师、专业理论教师、专业技能教师和聘用兼职教师等，不宜对所有的职业院校教师都做硬性的“双师型”要求。职业院校如果要探寻“双师型”教师专业化发展这一问题，那么其教师的知识储备必须以公共专业知识和教学专业知识为主。

(一) 公共专业知识内容范畴

公共专业知识主要是指教师的条件性知识，如教育学、心理学和教学法等相关的教育与心理学科等方面的知识；同时，公共专业知识也包含了一定的实践性知识，即教师具有的实际课堂情境知识。这些公共专业知识是每个教师应具备的基本从教素质，它主要包括四个方面的内容。

1. 教育学基础

教育学基础是研究教育学基本问题，总结人类教育活动的科学理论与实践，揭示一般教育规律的学科基础。一般而言，教育学基础主要分为两部分：首先，教育学要明确教育的概念、要素、形态、本质和基本规律，梳理教育发展的历史阶段、教育改革和发展趋势。其次，要明确教育的功能和目的。针对教师与学生的问题，要清楚教师的基本素质、教师的专业化发展途径以及学生的定义、学生的本质特点、学生发展的规律和师生关系处理等问题。教育学基础在职业院校教育教学活动中最重要的是课程领域，故教师必须了解课程的含义、课程理论及课程理论流派、课程的类型、课程的组织、课程的管理等基础性知识，同时要谙熟职业院校课堂教学设计的基本程序、主要模式、内容和方法，熟练运用课堂教学策略。当然，职业院校教师要为人师表，一定要重视学校德育问题，明确德育的任务、目标，掌握课程德育的原则、途径与方法。鉴于职业院校“双师型”教师作为与普通教育教师既有联系又有区别的专业教师，掌握并熟练应用教育学基础知识对于他们来说是必不可少的。

2. 教育心理学

教育心理学是通过研究教育教学过程中的各种心理现象，揭示在教育活动、教学情境以及学校组织的各种社会活动中，受教育者在学习、教育干预效果、教学心理等方面的特点。教育心理学是将心理学的理论或研究成果运用在教育上。教育心理学对于课程设计、改善教学方法、促进学生学习动机以及帮助学生解决在生活中遇到的各种问题、困难，有显著的作用。其内容包括职业院校在内的教师需要掌握的心理学知识，即心理学发展的概念、心理学发展的一般规律，以及熟练应用心理学理论。对于学生在学习中的迁移、记忆和遗忘等现象，要教会学生理解影响学习迁移的主要因素、学习迁移的促进以及记忆和遗忘的含义、主要规律，使学生掌握学习策略，让学生明晰解决问题的历程，借以培养学生解决问题的能力和养成学生高尚的道德品质。

在教育心理学的核心理论中，教师必须深知学习动机的概念、学习动机对学习过程和结果的影响及学习动机的激发与培养的策略。对于学习结果的归因方面，要观察和分析出所教学生的归因方式及归因对学生学习的影响，引导学生合理归因。在职业教育阶段，许多在校学生都处于青少年期，他们的心理发育不成熟、思想较极端、行事易冲动，这就需要教师的科学引导和积极疏导。所以，深厚的教育心理学知识对于职业院校“双师型”教师专业化发展就显得极其重要了。

3. 教育法学

教育法学是法学和教育学的交叉学科。以教育法律法规和法律现象为研究对象，研究如何用法律规范教育中的权利与义务等问题，其关注的重点在于教育法的制定、完善和实施，旨在通过教育教学质量的不断提升和优秀人才的不断供给来有效促进中国法治社会的建设进程。

职业院校的教师首先要明确法律的基本含义、特征和渊源，从而进一步了解教育法律法规的含义，厘清教育法律关系，教育法律关系主体、客体的含义，教育法律关系客体的种类，教育法律中的权利和义务含义、关系和类型等，能够分清教育法规与教育道德的含义，比较教育法规与教育道德的异同。

其次，职业院校的教师要了解教育法治过程，熟悉教育法规实施的含义，教育法规实施的方式，教育法规的效力与解释，教育行政执法的含义、特征、地位、原则、内容与方式；明晰教育法律责任，主要包括学校（教师）对学生的侵权责任、学校对教师的侵权责任、行政机关及其工作人员对学校和教师的侵权责任、社会其他主体对学校和教师或学生的侵权责任等。

最后，职业院校教师还要学会维护自身的教育权利和维护他人的人身权利，更要积极维护学生的权利（受教育权、财产权、人身权利），如果发生学生伤害事故，要能够妥善处理。与此同时，当教师自身出现权利受损时，要通过教育法律救济和教育行政申诉等渠道，使用法律武器来保护自己。

4. 教师职业道德

教师职业道德，简称师德，它是教师在从事教育劳动时所应遵循的行为道德规范。教师职业道德的产生和发展，是与教育活动的发展紧密相连的，它对养成职业院校教师的职业心理和职业理想，形成教师特有的道德习惯和道德传统，可以起到重要作用。师德规定了教师在教学活动过程中应以怎样的思想、感情和态度去面对学生、处理问题和服务社会。它是教师行业特定的道德要求，是社会道德在教师职业中的体现，协调了教师之间、师生之间、教师与学校以及教师与社会各方面关系的行为准则和规范。师德主要包括三个大方面的内容：第一，主要是概述教师职业道德的含义、结构和特点；第二，是要具体体悟教师的职业道德规范内容（爱国守法、爱岗敬业、关爱学生、教书育人、为人师表、终身学习）等；第三，也是最重要的，在于怎样养成教师的职业道德，教师要学会通过自我提升修养、自我管理等途径来养成自己的职业道德。

职业道德事关职业院校“双师型”教师专业化发展的大局，“双师型”教师不仅要用精湛的专业技术去征服学生，更要以高尚的道德性格去教育影响学生，使学生如沐春风，进而促进学生的学习和人品的发展。

(二) 职业院校教学专业知识之内容建构

职业院校“双师型”教师的专业化发展，应紧紧抓住21世纪初公布的《职业院校专业目录》之调整契机，大力促进职业院校的专业设置对接产业和企业的生产岗位和生产过程，对应专业技能、职业岗位、职业标准和继续学习的专业方向，从而进一步完善专业设置管理制度，不断推动职业院校专业内容设置与调整的科学化、制度化、规范化和常态化。

在具体的专业知识建构过程中，用理论知识结合实际情境开发适用的教材教法，简化抽象的、晦涩的专业知识，在实际操作中学习巩固理论知识。特别是对职业院校学生而言，职业院校的“双师型”教师在教学任务的实施过程中，必须利用多种现代教育技术手段和运用各种教学方法，不断增加课堂教学的趣味性和直观性，让学生更多地体味到课堂情境的乐趣，从而有效调动学生学习的积极性，最终大幅提升职业院校现场教学的效果。

职业院校“双师型”教师的教学专业知识的传授关系到我国职业教育改革与发展的全局，在改革人才培养模式，提高人才培养质量，增强职业教育的目的性、应用性和职业性等方面都具有十分重要的意义。

二、职业院校“双师型”教师专业化发展的结构体系

“双师型”教师作为影响职业教育办学水平高低的关键性因素，应具备合理的知识结构、能力结构和素质结构。在知识结构上，与从事普通基础教育的教师不同，职业院校教师的知识面应更宽广，因为职业教育的专业教学是一种以横向为主的模块式课程体系，强调的是职业岗位、技术的专项性、操作性和应用性，因此职业院校的教师不仅要掌握多门知识，还要精熟本专业职业岗位的知识、技能和技术；在能力结构上，职业院校教师的能力结构主要包括教育教学能力、操作能力和职业指导能力；在素质结构上，职业院校的教师必须具有良好的道德素质和职业素质，具有良好的社会公德和职业道德，有着较强的组织纪律性和合作精神及敬业精神。其职业素质不仅包括任职职业岗位直接要求的知识和能力，还包括职业岗位所要求的行业眼光、知觉能力、思维方式和行为方式。

（一）“双师型”教师的知识结构

知识结构指的是人类的知识在个体头脑中的内化状况，它包括知识的数量、质量、类别及其相互联系。受专业和个性等因素的制约，职业院校“双师型”教师的知识结构虽然在具体内容上存在着差异，但在总体框架、类别等方面却是相同或相似的。因为合理的知识结构应充分体现职业院校“双师型”教师科学性与教育性、专业性与职业性的统一。

1．科学文化知识

科学文化知识广泛而丰富，涉及很多科学门类。但总的来说，主要可以分为以下两个大类：即人文科学知识和自然科学知识。人文科学知识是形成人良好的思想政治素质和人文素质的基础知识，主要包括哲学、经济学、法学、历史、政治学、文学、艺术等领域的知识；而自然科学知识是基于基本概念和基本事实的知识，它主要包括数学、物理、化学、生物、天文、地理和地质等领域的知识。此外，在科学文化的发展进程中，科学文化知识一方面抽象概括出有助于培养教师具有跨学科

移植概念和方法能力的方法论知识；另一方面科学文化知识也形成了各门学科的“实体性”知识。

随着知识经济化和信息化时代的来临，爆炸式的知识铺天盖地而来，令人应接不暇。如何有效从繁复多杂的、浩如烟海的信息中查询、检索和调用自己所需要的知识显得尤为迫切。此外，高度发展的信息化技术似乎给人类带来了福音，计算机越来越多地承担人脑的储存功能及程式化的思维操作，这也为人类面对未来挑战提供了便利条件。事实上，有关方法论的知识可以有效破解现实知识增多所带来的问题。基于此，针对职业院校教师普遍比较缺乏方法论知识等的现状，我们在进行“双师型”教师的培养过程中，就应强化和掌握必需的方法论知识。具体到职业院校而言，掌握方法论知识意味着不仅要熟悉马克思哲学及各门学科的具体方法，更要与时俱进掌握当代信息技术储存信息、知识的程序及方法，诸如图书馆情报技术、互联网技术及个人计算机等先进信息技术。进而通过利用这些便捷的手段，使大脑能够腾出更多的“内存”去吸纳更多的新思想和新技术，同时也能有效减轻大脑记忆的负荷。

2. 教育理论知识

众所周知，“理论指导实践，实践反作用于理论”。实际上，作为一名职业院校的“双师型”教师，教育教学的基本理论知识是他们知识结构的基础。除了与普通高中教育有某些共同规律之外，职业教育也有其自身的特殊性。他们不仅要了解和熟悉教育教学的一般规律，更要着重把握职业教育基本理论、教育科学研究方法以及教学媒介等手段。作为教师，除了具备广泛的文化传统等专业知识外，还应具有教育学、心理学等教育理论基础知识。教师要搞好教学，就必须了解教育活动的规律和教育过程中学生身心活动的规律，缺乏系统的理论知识武装，教师的教育活动就难免陷于盲目性。职业院校的教育教学活动本身在教育教学原则、方法、手段、形式等方面都有自己的特点。这就要求广大职业院校的教育者不仅要懂得普通教育学、心理学的理论，而且还要了解职业教育心理学、职业教育学和职业教育法等知识，并能够按照职业教育的规律和方法，有条不紊地从事教育教学等活动。

职业教育多年来的教育教学实践表明，职业院校的教师要具备的教育理论知识主要包括两部分：一是要具备职业教育学的基本知识；二是要具备职业教育心理学的基本知识。概括而言，职业教育学的基本知识大致包含关于职业教育概述相关知识、职业教育发展史、职业教育发展的目标任务以及培养目标、职业教育职业规划、职业院校班主任以及学校管理等内容体系；而职业教育心理学的知识大概有职业教育学习动机、学习迁移、职业能力培养以及操作技能的心理因素探析、职业院校学生的个性化等。

职业院校的教师除了具备上述有关教育学心理学方面的基本理论知识、渊博的专业知识之外，还应该利用现代教育技术手段获取新知识、新信息，以不断更新自己的专业知识结构，充分满足职业院校教育教学的需求。对于职业院校的“双师型”教师来说，更需要运用各种手段和工具，不断获取新技术、新工艺、新材料和新技能，实现自己在专业技能、实践能力、动手操作能力等方面的发展。

(二)“双师型”教师的能力结构

能力是顺利完成某一种活动所必需的客观条件。能力总是和人完成一定的活动联系在一起的，离开了活动就表现不出人的能力，也不能发展人的能力。事实上，任何一种单一的能力因素都不足以使某种活动顺利展开，活动顺利进行需要有机结合多种能力要素，即形成合理的能力结构。一个称职的职业院校“双师型”教师应具备以下三种能力，即实践操作能力、教育教学能力和科技开发能力。

1. 实践操作能力

作为职业院校的“双师型”教师，实践操作能力是其顺利展开教育教学的基础。而何谓实践操作能力？它是指在企业一线生产现场或履行生产岗位职责过程中所表现出来的实践能力，是任职顶岗所必需的专业技术应用能力以及实用性职业技能，它包括熟悉技术工作的标准要求和操作程序，基本的实验能力和设计能力，掌握职业技术规则以及分析问题和解决问题的能力等内容范畴。

与普通教育培养学术研究型或工程型人才的培养目标定位有所不同，职业教育培养的是应用型的专业技术人才。它侧重于培养操作型、技艺型或技术应用型的人才，偏重于学生职业技能、操作经验和专业技术的应用能力的养成。与此相应的普通高中教育则着重建构与发展学生的理论思维能力或工程设计等能力。由此不难看出，为了培养职业院校学生应用型的技术能力，迫切需要职业院校教师具备较强的职业技能、较丰富的实践操作经验和较娴熟的专业技术应用能力等素质。

2. 教育教学能力

教育教学能力是指组织实施教育教学和指导实验实训的能力。职业教育显著的职业性特征要求“双师型”教师需要具备组织和处理教材的能力、与学生沟通的能力、进行课堂组织管理的能力、课堂表达能力(包括口头表达能力、书面表达能力等)、自我评价与自我完善能力等。除此之外还要求他们熟练使用多媒体技术、网络技术等现代教育技术手段组织教学，将自己所掌握的知识、技能、技术毫无保留地、高效地传授给学生，借以推进教育方法、教学手段和教学模式的改革与创新，进而优化教学过程，不断提高教育教学质量和效益。

教育教学工作有其自身的发展规律，需要专业化的运作和扎实的功底，职业院校的教师不仅要切实把握理论知识与实践技能以更有效地促进教育教学工作，而且，还要拥有教育学与心理学等方面的知识，以及如何用深入浅出的语言将自己的思想与技能传递给学生的本领和技术。

3. 科研开发能力

科研开发能力是指教师能够进行应用理论的研究和高新技术的开发与推广，对生产实际中存在的技术问题加以解决，攻克技术难关，将理论研究的成果尽快转化为现实的生产力。良好的教育教学、科研能力是教师教学质量和学术水平提高的需要，是由“经验型”教师向“双师型”教师转化的必由之路。

与从事职业教育的普通教师相比，职业院校的“双师型”教师有其自身的特殊性，职业院校的“双师型”教师除了重视具体实操能力和演示能力之外，最重要的就是要进行高新技术的开发及推广、应用理论的归纳与总结，要能够解决一线企业生产中的难题，尽快将一线研究的成果转化为企业、工业等需要的社会生产力。

(三)“双师型”教师的素质结构

明确“双师型”教师的素质结构对于培养职业教育的“双师型”教师具有重大而深远的指导意义。我们应从职业道德素质和个体身心素质两个方面来研究职业院校“双师型”教师的素质结构。

1. 职业道德素质

道德素质和职业素质构成了职业道德素质。其中，道德素质是指要树立正确的世界观、人生观和价值观，具有良好的社会公德和职业道德，有着较强的组织纪律性和合作精神，具有敬业精神。职业素质则是指除了任职职业岗位直接要求的知识和能力外，还需要有职业岗位所要求的行业眼光、知觉能力、思维方式和行为方式，具有较好的专业智能和创新潜能，适应高技术含量的工作，了解相关专业高新技术的发展趋势。

教师的职业道德即师德，主要是教师在教育活动中必须履行的行为规范和道德准则，它从伦理学的角度规定了教师在教育工作中应该以怎样的思想、情感、态度、行为和作风去待人接物，并处理工作中出现的各种问题。作为职业院校的教师，首先必须具有良好的职业道德素质。事实上，作为社会发展和时代需要的职业道德，它是在长期历史长河中经过社会实践而形成的道德准则。当然，不同行业有其自身行业的职业道德。就职业教育教师的职业道德而言，概括来说，主要包括以下三个层面的内容：其一，宏观层面，基于对教育事业包括职业教育事业的道德态度；其二，中观层面，基于职业教育教师群体的道德规范；其三，微观层面，是最能体现教师个体的教育情怀，就是对待学生的道德规范，是教师从事教育教学的起点，这一情怀是教师对于自身的道德反省。

2. 个体身心素质

诚然，对职业院校的教师而言，拥有精湛的从事教育教学的专业能力固然重要，但不可否认的是拥有良好个体身心素质对“双师型”教师而言也同样需要。因为教师的个体身心素质深刻影响着职业院校的教育教学效果。一般而言，心理素质和身体素质等构成了教师的身心素质。就心理素质而言，职业院校教师良好的心理素质主要包括丰富的情感、坚强的意志、乐观的人生态度、开朗的性格及多样的兴趣等。就身体素质而言，职业院校教师有健康的体魄、大方的仪态，掌握科学的健身方法和基本的生活保健知识，具有良好的生活规律和卫生习惯。

第三章 “双师型”教师培养方法与模式构建

第一节 “双师型”教师的培育方法

加强师范性教育培训，是提高“双师型”教师教学水平及教学能力的有效途径；开展教学方法交流及讲课比赛等活动，也是提高“双师型”教师教学能力和保证教学质量的有效措施。

一、强化培育意识

(一) 突出培育核心内容

1. 教学能力培育

现代职业教育的培育目标是技术应用型人才，所以在课程设置及教学模式上也应以此为主线。学生的技能培育是通过实践教学来实现的，而实践操作中涉及的使用原理、问题分析等又需要专业理论知识的支撑。课程设置与教材选用也应该具有理论知识适度、技术应用能力强、知识面广泛的特点。教师在设定教学内容和方法时，更要注重将理论教学与工作实践紧密结合，使学生能学以致用。这一过程可视为“双师型”教师教学能力的自我培育。

2. 实践能力培育

现代职业教育一般实践性都很强，“双师型”教师在教学过程中除需要重视理论教学外，还必须加强实践教学，注重培养学生独立思考、分析和解决问题的能力。这也必然要求“双师型”教师具有丰富的岗位实践经验。但在传统教育体制下，培养的教师虽然具有丰富的专业理论知识，却未必了解企业生产、管理的实际，缺乏组织学生进行专业实践活动的经验和技能。

现代职业教育“双师型”教师培育应把实践能力培养作为重要内容。加强“双师型”教师定期实践培育，并以制度进行规范，这是提高“双师型”教师实践能力的有效途径。院校应加强与企业的紧密合作，互通有无，实现资源共享和互补。例如，可以将具有丰富理论教学经验的教师有计划地送入企业实践锻炼，使知识结构随技术发展及时更新；还可以面向社会及企业聘用实践经验丰富的专业人员担任兼职教师，促进学术型和技能型的教师相互转化。

3. 科研能力培养

积极引导教师开展科研，是建设高质量“双师型”教师队伍的重要保证。现代职业教育“双师型”教师培育应开辟出有自己的特色道路，不能盲目向普通高校靠拢，应将重点放在如何培育“双师型”教师的方向上。“双师型”教师必须具有一定的科研能力。通过进行科学研究，“双师型”教师能够提高其自主创新能力，在拓宽视野的同时，加深对教学内容的理解，使知识结构及时更新，提高自身的综合素质。科学研究内容反映了本学科的前沿动态，这也有助于教师在教学过程中改进教学方式、更新教学内容，拓宽学生的知识面、提高教学质量。

（二）精心设计培育课程

国家培育计划应精心设计现代职业教育“双师型”教师培育内容，开设系统培育课程，有效提高现代职业教育“双师型”教师的综合素质，促进“双师型”教师队伍建设。

1. 培训体系完整化

“双师型”教师参加各基地的国家级培训，在时间和课程安排上都有相对统一的规定，各基地严格要求参培教师完成培训的所有课程，以确保培训目标的实现。

“双师型”教师需要具备教学创新能力和教学研究能力，没有系统化的理论知识，教学创新能力和教学研究能力将无从谈起。因此，系统化的理论知识在系统培育课程中不能省略。它有助于“双师型”教师在职业教育人才培养中，用研究者的眼光去发现问题、解决问题，提高对本专业领域问题深度研究的能力。

传授系统化的理论知识是系统培育课程的优势，为保证专业理论的系统化培训，应认真制定“双师型”教师培育方案，抓紧课程和教材开发工作。统一开发出来的培育课程和教材需要不断完善与充实，以保证“双师型”教师培育的专业理论知识培训。

2. 技能知识实践化

除了系统化的专业理论知识培训外，“双师型”教师将理论知识应用于实践、提高解决实际问题的能力在培育中同样重要。要积极促进“双师型”教师专业理论和技能水平的同步提高，这也是现代职业教育“双师型”教师培育与普教教师培训最根本的区别。

3. 教育理念国际化

参加现代职业教育“双师型”教师培育，能使“双师型”教师视野开阔、教育理念更新、职教信心增强。系统培育课程使他们学会了用分层法给学生上课，用欣赏法鼓励学生，用以生为本的思想尊重学生。现代职业教育“双师型”教师培育可以通过专题讲座等形式来实现，聘请国内外职教研究专家介绍国内外职业教育办学模式、教学模式和教学方法，引导“双师型”教师形成国际化的职业教育理念。

4. 教学手段现代化

教学手段现代化是所有教育类型在现代化教学进程中的必然选择。进入21世纪以来，在国家大力发展职业教育的方针政策下，各高职院校尤其是示范性高职院校的硬件建设取得了十分可喜的成绩，现代化的多媒体教学设备被广泛运用，各种教学课件的制作软件也应运而生。如何选择和使用好这些设备和软件，增强学生的学习兴趣，提高教育教学质量，是现代职业教育“双师型”教师培育中普遍面临的一个问题。

现代职业教育“双师型”教师培育方案应安排一定学时的备课、说课及教学演练环节。每位参培的“双师型”教师把自己在教学中的专长、绝活和经验，通过课堂教学实践或经验交流会等方式向大家展示，互相启发、共同提高，以提升“双师型”教师教学手段现代化的能力和水平。

(三) 充分发挥培育优势

职业技术师范教育兼具师范教育和职业教育的特点，是我国高等教育领域中的特殊群体，多年来为国家职业教育提供源源不断的师资，为职业技术师范教育的发展不断开辟新的道路。而今，他们也应成为现代职业教育“双师型”教师培育的主力之一。

职业技术师范教育是高等教育系统的组成部分，但又有不同于其他高等教育的特殊属性，人才培养的学术性、职业性和师范性是其本质特征。对学生（此时的“学生”毕业后即是走上职业教育岗位的“教师”）进行抽象系统的学科理论培养，让学生掌握某一专业的高深专门知识，即“学术性”；因毕业后从事职业教育工作，所以职业技术师范生必须熟练掌握某一职业或技术的操作规范与技能，即“职业性”；日后从事职业教育需要掌握教育与教学工作的知识与技能，因而必须学习教育学、教育心理学及专业教学法课程，称为“师范性”。学术性是理论基础，职业性是实践要求，师范性是最终目标，三者相互交叉、相互渗透、相互促进，共同构成了一个系统的职业技术师范教育体系，可以为“双师型”教师培育积累极为丰富的经验与研究成果，储备大量从事职教师资培养工作的人才资源，形成现代职业教育“双师型”教师培育的特殊优势。

这些优势包括：第一，“双师型”教师的专业精神。包括爱岗敬业、热爱学生，对教师职业的自尊自信，注重“动手动脑，全面发展”的教学思维以及对职业教育深刻的认识。第二，“双师型”教师的专业知识。包括学科知识、教育心理类知识、组织管理类知识及其他综合性知识。第三，“双师型”教师的专业能力。职教师资的专业能力不是他们在某一门技术或学科方面的专业能力，而是其作为技术或学科的传授者，作为一名教师所应具备的教育教学方面的能力。第四，“双师型”教师的实践能力。突出表现为实训教学中的技能指导能力、与行业发展实际相结合的技术跟踪能力以及实际操作开发能力。

鉴于职业技术师范教育在培养职教师资方面的独特优势，在大力发展职业教育、提高职业教育办学质量的新形势下，更应积极发展职业技术师范教育事业。职业技术师范院校应坚持多年形成的敢于创新、大胆探索的办学风格，继续创新现代职业教育“双师型”教师培育模式，培育更多、更高层次的职业教育需要的，既能讲授专业理论又能指导学生实践的“双师型”教师，更好地发挥在培养职教师资方面的骨干和示范作用。同时，要急国家之所急，想国家之所想，努力为中西部和边疆民族地区培养“下得去、留得住、教得好”的现代职业教育“双师型”教师，体现其不可替代的特殊作用，为现代职业教育发展做出贡献。

因此，特别需要建立支撑现代职业教育“双师型”教师教育的国家制度和培养体系，突出职业技术师范院校对于现代职业教育“双师型”教师培育的特殊优势。

（四）建立健全激励机制

建立健全激励机制，是促进现代职业教育“双师型”教师培育的重要策略。心理学理论认为，人人都需要激励。个体在适合于本身需求的外部刺激下，会产生一股强大的自动力，这种自动力是个体积极性的源泉。而激励的最大作用则是激发“双师型”教师的潜力。“双师型”教师队伍的质量提升，除了依靠常规管理措施外，还应该通过激励机制，将提高“双师型”教师质量水平转化为其本人的内在需求。由于“双师型”教师是在理论知识和实践能力方面造诣都较深的教师群体，承担着较一般教师更为繁重的工作任务。因此，应加大“双师型”教师培育的激励力度，制定“双师型”教师培育的奖励政策，使“双师型”教师在职称晋升、出国培训、工资津贴等方面享有相对优厚的待遇，以保证“双师型”师资队伍的稳定，同时也便于吸引更多优秀人才投身现代职业教育，更好地促进“双师型”教师队伍建设。尤其在职称、职务晋升方面，要充分发挥职称评审、业绩考核的导向作用，根据现代职业教育

“双师型”教师的特殊性，出台“独立的”职称评审标准，制定独立的考核办法，把技能考核作为现代职业教育“双师型”教师职称评审的主要指标，适当调整学术标准，真正体现现代职业教育对“双师型”教师的培育要求。学校要设立“双师型”教师津贴等激励机制，促使更多教师成长为“双师型”教师。应尽可能将单位整体利益与“双师型”教师的个人利益挂钩，让他们清楚地感觉到单位的兴衰对自己前途、利益的影响，以调动“双师型”教师的潜力。为了鼓励和支持“双师型”教师自觉学习实践，尽快提高“双师”水平，学校可实行以下奖励办法：教师到企业进行提高双师水平的顶岗实践，核定给一定数量的工作量；教师参加提高“双师”水平的学习培训费用由学校全额报销；教师考取“双师”性质的技能技术证书，发放一定的奖金；“双师型”教师上课，在相同情况下，课时酬金提高一档；各系每建成一个“双师型”教师培训基地，学院给予适当的奖励并划拨给实训基地一定的运转经费。

（五）制订双层培育计划

学校与教师双层各自拟订培育计划，是促进现代职业教育“双师型”教师培育的重要策略。

1. 教师拟订个人培育提升计划

教师必须制订个人的、具体的、有可操作性的双师素质培育提升计划，写明每学期在什么时间进行技能技术的学习和实践及预期达到的目标。培育计划必须经教研室讨论、系主任审核，严格执行。

2. 学校拟订培育计划

学校拟订的现代职业教育“双师型”教师培育计划，必须包括以下主要内容。

（1）总体目标

为适应地区产业发展与产业升级，满足学校专业调整和优化的需要，坚持以人为本、自培为主的思想，多途径、多形式地提高专业教师专业技能，以满足任务引领型项目教学模式下的新一轮课程教学需要，全方位地促进每一位教师的专业化成长，努力建设一支专兼结合、素质优良、结构合理、特色鲜明、高质量的“双师型”教师队伍。

（2）具体目标

诸如学历达标任务、全员培训任务、骨干培训任务、拓宽渠道任务、提高技能任务等。

（3）具体措施

包括加强师德建设、开展校本培训、建立专业教师实践制度、加大骨干教师培育力度等。

二、优化培育环境

现代职业教育“双师型”教师培育直接决定着现代职业教育发展的规模、速度和人才培养的质量，加强“双师型”教师培育是办好现代职业教育的一项战略性措施。拓展培育空间是优化现代职业教育“双师型”教师培育环境的重要举措。

拓展现代职业教育“双师型”教师的培育空间主要从以下两个方面着手。

（一）拓展现代职业教育“双师型”教师专业成长空间

“双师型”教师的成长与发展是其职业理想、职业道德、职业情感、职业能力不断走向成熟的过程，是作为社会成员的教师从接受教育的学生，到初任教师，到有经验的、成熟的“双师型”教师，直至有成就的教育家的持续过程。为了提高教师地位和质量，教师成长与发展的主题已日趋集中在专业化方面。

“双师型”教师的专业化发展大致可分为以下三个主要阶段。

1. 开启阶段

教师任教伊始，适应期的长短（一般在1～3年）或成效的大小主要取决于学校环境与个人努力程度。学校环境主要与学校的校风、教风和学风有关。“双师型”教师的个人努力一般可从下述几方面入手：学习并熟悉本专业教学大纲（或课程标准）和教科书；熟悉学校教育教学环境，寻找可利用的相关课程资源；向经验丰富的教师学习；练习备课教学、评价等教学基本功；熟悉实践（或试验）所需示范操作的技能；利用现代传媒作为教学手段等。

2. 成熟阶段

这一阶段往往持续时间较长。在这个阶段，“双师型”教师积累了一定的教育教学实践经验，特别关注学校制定的教育教学任务目标的达成，并开始取得初步的教育教学成果，期望专业职称的晋升，争取更多的外部评价。这一阶段“双师型”教师努力的主要方向是：对教学大纲（或课程标准）和教科书进一步领会；独立备课与设计教学，开始对教学有批判性的反思；总结教学经验与校内外同行交流、研讨；熟练使用现代教育技术手段辅助教学；开始认识到邻近学科对于理解本专业的内容也是重要的，并寻求它们与本专业的结合点等。这一阶段是“双师型”教师专业化成长的关键时期，是他们专业信心得以树立的时期，也是他们形成教学风格和特色的奠基时期。

3. 发展阶段

这是那些具有不懈追求精神的“双师型”教师专业化成长的最高境界。他们已经走过关注目标和追求外部认可的阶段，进入形成风格、追求特色、自我超越或自我实现的新阶段。集中表现为对教学大纲（或课程标准）和教科书有独到的研究和见解，并能结合实际灵活使用教科书；教学设计从学生的实际出发，不拘一格；关注学生的全面发展，并能重视学生的差异性，引导学生确定职业生涯规划，充分挖掘每个学生的潜能；能对教育教学实践进行深刻的反思和自我调节，并将丰富的教学经验提升到教学实践理论；在教育教学某一方面形成具有品牌效应的个人风格或特色；总结有特色的教学经验或撰写较高水平的论文，并对推广自己的教育教学成果具有强烈的自信心等。

当然，上述三个阶段只是理论上的大致划分。其实，“双师型”教师专业化成长是一个连续的过程，并无绝对的界线，而且“双师型”教师职业生涯也并非总是积极的成长过程，其间也会有停顿、低潮，甚至会出现职业倦怠、不思进取、得过且过、抗拒变革等现象。这表明“双师型”教师的成长与发展的过程是复杂的、动态的，是“双师型”教师个体回应各种影响因素的互动过程。现代职业教育“双师型”教师培育应依据“双师型”教师成长的规律及特点，努力拓展其培育空间，给予适时而有力的帮助、教育，促进其自我教育，以发掘其潜能，促进“双师型”教师的成长与发展。

(二) 拓展现代职业教育“双师型”教师培育过程空间

现代职业教育“双师型”教师培育必须努力拓展培育的过程空间，主要在其职前、入职、履职三个阶段加以全程拓展。

1. 职前培育阶段：严格选拔

国内外大量研究表明，“双师型”教师的“先天素质”对他们日后的卓越表现起着一定的先决作用，许多“双师型”教师的一些个性品质和特殊能力在进大学之前就已初步具备或基本形成。因而，必须严把职业教育师范生的录取关，选择那些有志于职业教育且具备一定教师职业素质潜能的学生。

2. 入职培育阶段：校本培训

新教师入职初期在角色适应上会遇到一系列的问题，应由具有丰富教学经验的老教师一对一地加以指导，使新教师更好地解决教师角色适应过程中所遇到的问题，这叫“老带新”或“师徒结对带教”。这是一种新教师进行校本培训的特殊模式，很早就流行于各国，在其他许多行业的教育或培训中也广泛应用，有着较好的效果。

当然，要使这种传统模式在信息化时代的今天更好发挥效用，就必须进一步完善它。如采取对带教者素质进行研讨、建立带教者支援系统、打造新教师支援的网络平台等行动方案来完善“老带新”中带教者的素质。有研究者通过研究，提出了带教者的六条素质要求：能够帮助新教师找到工作中的成功因素和令人满意之处；能够接受各种类型的新教师，包括业务基础差的、过于自信的、不老练的、戒备心理强烈的等；善于为新教师提供教学方面的支持，通过听课及课后讨论，与新教师分享教育观念；善于处理各类人际关系，能用新教师可接受的方式来调节自己的带教指导行为；能够不断学习，不断提高自我的表率；善于向新教师传递希望和乐观主义精神。另外，带教者支援系统常常挂靠在一些实力雄厚并覆盖全国的专业协会下，它们通过网络等途径为带教者及带教者培训提供大量的帮助和免费咨询。而专门开设的新教师支援网络则全天提供免费或非免费的服务，具体的项目丰富多样，诸如学科方面的咨询、一般教育教学技能的指导疑难问题解答、老教师成功经验分享、新教师聊天室等。

3. 履职培育阶段：继续教育

当今，终身教育理念已深入人心，它意味着教师的职前教育只能为基本合格“双师型”教师培育提供“基础教育”，而不可能是终结性教育。要成为成熟“双师型”教师或优秀“双师型”教师，还必须在履职后的继续教育过程中不断培养自身的终身学习能力、自我发展能力和创新能力。

在培育内容上，强调理论与实践的适配。“双师型”教师在习惯上常被分为文化课教师、专业理论课教师和实习教师。“双师型”教师培育应当根据每个人的具体情况，缺什么就补什么，这样可以为“双师型”教师成长创造条件。

在培育形式上，倡导参与，鼓励反思。反思是“双师型”教师以自己的实践过程为思考对象，对自己的行动、决策以及由此产生的结果进行审视和分析，是立足于自我之外的批判地考察自己的行动及情境的能力。从某种意义上说，“双师型”教师的反思能力决定着他们的教育教学实践能力和在工作中开展研究的能力。有关研究证明，成功的和有效率的“双师型”教师倾向于主动地和创造性地反思他们事业中的重要事情，包括教育目的、课堂环境，以及自己的职业能力。因此，“反思”被广泛地看作是“双师型”教师职业发展的决定性因素。美国学者波斯纳十分简洁地概括了教师成长的规律：“成长＝经验＋反思”，并指出，没有反思的经验是狭隘的经验，至多只能形成肤浅的知识。“双师型”教师如果仅仅满足于获得经验而不对经验进行深入的思考，其发展将大受限制。传统的教师培育大多采用的是以作为培育者的教师为中心的主讲大课形式，而作为培育对象的"双师型"教师往往处于被动地位。这种讲座式培育往往是基于这样的假设，认为培育对象是需要在上面书写的"白板"，或需要灌输新知识的"空桶"，目的是传递知识，即要求听众接受讲演者的"专家类"的知识。由于这种培育一般仅止步于把知识灌输到听众的头脑里（即罗杰斯所说的"颈部以上的教育"），缺少学习者表现在行动上的积极参与，因此实际效果并不理想；而参与式培育力图使所有在场的人都投入学习活动中，都有表达和交流的机会，在对话和讨论中产生新的思想和认识，丰富个人体验，参与集体决策，鼓励批判性反思，进而提高自己改变现状的能力和信心。建构主义学习理论认为：人的学习过程不是纯粹的被动接受过程，而更多的是一个在与环境的相互作用下积极主动的自我建构过程。因此，重视"双师型"教师丰富实践经验的参与式培育，有助于"双师型"教师积极主动地自我建构。

当然，上述"双师型"教师的培育路径在时空形态上更多地考虑了院校方面，其实企业方面对此也应有相当大的作为。实践证明，在职业教育比较发达的国家，"双师型"教师培育模式的创新主要体现在加强校企合作上，对企业参与"双师型"教师培育多从法律上有明确的规定。这样做易于保证实践教学的真实性和有效性，有助于"双师型"教师掌握一线最先进的生产技术，掌握最新的工艺流程，运用所学的知识进行技术创新与产品开发，不仅了解而且能够指导一线工作人员的操作，因此它已成为当今"双师型"教师培育必不可少的一环。

三、拓展培育模式

（一）组建"双师型"教学团队

1. 现代职业教育"双师型"教学团队的意义

专业教学是现代职业教育教学中的核心，提高教学质量的关键在于教师。因此，强化现代职业教育"双师型"教师培育，致力建设"双师型”教学团队，是现代职业教育模式改革的需要，是现代职业教育专业建设的需要，是现代职业教育课程改革的需要。加强现代职业教育“双师型”教师培育，实现“双师型”教学团队与企业的强强联手，有着十分重要的意义。

2. 现代职业教育“双师型”教学团队的主要特征

一个高质量、高效率且运行良好的现代职业教育“双师型”教学团队，其主要特征包括素质特征、结构特征、运行特征。

(1) 素质特征——“双师型”

由于现代职业教育具有突出的实践性、应用性、技术性特点，作为现代职业教育的专业教师，必须具备“双师型”素质。“双师型”素质强调专业教师两方面的素质与能力：一是具有较高的文化知识和专业理论水平，有较强的教学、教研方面的能力和素质；二是具有广博的专业基础知识，熟练的专业实践技能，一定的组织生产经营和科技推广能力，以及指导学生创业的能力和素质。当然，由于现实条件的限制，并非每一位教师都具备这样的“双师型”素质。因此，更需要合理配置专业教学师资，形成具有“双师型”素质的教学团队，以保证现代职业教育教学改革的顺利实施，培养出具有特色的高质量人才。团结协作、优势互补也因此成为现代职业教育“双师型”教学团队的突出特征。

(2) 结构特征——专兼结合

现代职业教育“双师型”教学团队应该具有合理的年龄、职称、学历、专业、梯队结构，应该是一支拥有高水平的专业带头人和良好的“双师型”结构的师资团队。内外结合、专兼结合是其最主要的结构特征。由于现代职业教育人才培养目标是定位于技术、技能型人才，学生毕业后将直接进入企业和行业的生产第一线，实践操作能力是此类毕业生的主要能力之一。因此，要培养具有一定专业知识同时又具有较强操作能力的高技能人才，就必须有一支“双师型”结构的师资队伍。也就是说，在现代职业教育“双师型”教学团队中，学校的专职教师要有，同时从行业企业聘请的专家、技术骨干和能工巧匠也要占一定比例。另外，现代职业教育是以就业为导向的教育，其专业必须主动适应市场，“双师型”教学团队必须有站在专业技术领域发展前沿、熟悉行业企业最新技术动态、把握专业技术改革方向的领军人物，他们就是教学团队的核心人物——专业技术带头人。专业技术带头人应具备以下素质特征：具有扎实的专业基础理论，熟悉本专业国内外现状；站在专业技术领域发展前沿，熟悉行业企业最新技术动态，把握专业技术改革方向；具有较强的科研能力、技术开发成果转化和社会服务能力；具备先进的教学理念，有较强的事业心和责任感；有良好的职业道德，以身作则，治学严谨，为人师表；具有较强的组织管理能力，善于沟通和交流；能及时根据行业企业岗位需要调整专业、开发课程。这样的专业技术带头人显然需要现代职业教育“双师型”教师培育的强劲动力。

(3) 运行特征——开放性

现代职业教育教学团队应该是一个具有开放性、创新性等特征的师资团队。其开放性体现在：教学团队能与行业企业合作或结盟，产生良好互动。也就是说，教学团队中的师资能够经常深入企业“充电”，同时兼职的企业技术骨干可以经常进入院校进行教育教学以及理论的学习，“双元互补，竞相发展”。其创新性来源于良好的运行、激励、评价机制。

上述现代职业“双师型”教育教学团队三个方面的特征相辅相成、综合作用。团队素质是基础，结构决定了团队的功能，运行保证了功能的实行。

3. 现代职业教育“双师型”教学团队的建设

(1) 加强校企合作，提升实践能力

现代职业教育“双师型”教学团队的专业实践能力建设主要从两个方面着手：一是建立“双师型”教师培育实习制度。即学校必须以产学合作为依托，加强与行业企业的联系，为“双师型”教师提供必要的资料和实训条件，从而能够有计划地安排“双师型”教师到企业去跟班学习，或亲自去参与生产经营，了解生产第一线，应用新技术，提高动手能力；中青年教师可以采取脱产或半脱产形式轮流下的企业实习，或独立去完成一两项工程项目，时间可长可短，形式可灵活多样。另外，也可采用传、帮、带的方式，鼓励“双师型”教师走岗位自学成才之路，结合所在岗位和所担任的教学任务，以任务带动技能的提高。通过上述方法，提高“双师型”教师的实践操作技能，从而建设一支既懂得专业理论知识、又具有较强的实践能力的“双师型”教学团队。二是大力引进企业人才。引进企业人才可以通过全职和兼职两种方式结合进行。即学校可以以合作的企业为依托，借助企业的技术力量，聘请或调进企业高技能人才作为师资力量的补充。在引进企业人才的过程中，要求教学团队有较好的运行机制、激励机制、评价机制，同时也需要学校师资管理政策上的支持和激励，包括师资待遇、任职、评聘等各方面，促进“双师型”教师“双元互补，竞相发展”，从而加强其整体实践能力，最终成为具有“双师”结构特征、专兼结合的“双师型”教学团队。

(2) 加强“双师型”培育，提升教学实力

“双师型”教学团队的教学水平决定了教学效果和质量。因此，“双师型”教学团队的教学能力培育是现代职业教育“双师型”教师培育的首要任务。教学能力的培育与科研能力的培育相辅相成、相互促进。只有科研能力的提高才能使教学能力得到较大的提高。“双师型”教学团队的研究能力包括教育教学研究能力和专业科研能力，这两者相辅相成、相互促进。一方面，现代职业教育应通过制定一系列的科研激励政策、“双师型”教师科研工作考评标准以及实施方案，鼓励“双师型”教师积极参与教育、教学方面的研究。将“双师型”教师参与的本专业教育特点、学生学习特点、课程开发、教学方法教材建设等各个方面的研究项目计入“双师型”教师科研分值中，并纳入“双师型”教师工作量考核；同时院系要经常开展教育、教学法的专题研讨工作，采取教育专家经验介绍、难点探讨、小组讨论等各种形式，在提高“双师型”教师科研兴趣的同时，指导“双师型”教师开展教育、教学研究。通过对教学方式、方法的研究，促进“双师型”教学团队教学能力的提高。另

一方面，现代职业教育要将“双师型”教师科研的重点导向与企业的横向合作、技术开发和技术攻关方面。同时要加强科研管理层的服务意识，积极搭建与企业的合作平台，加强技术转化和转移的能力。现代职业教育还应加强“双师型”教师培育和继续教育，提高“双师型”教师的综合素质与教学、科研能力，有计划地选派优秀青年教师到国内外著名院校进行培训，提升教师的专业学术水平。通过促进“双师型”教学团队两方面能力的提高，从而提高“双师型”教学团队的教学水平，最终推动现代职业教育人才培养模式的改革。

（3）加强引进培育，提升“团长”内力

专业带头人是现代职业教育“双师型”教学团队中的领军人物，专业带头人的引进和培养是现代职业教育“双师型”教学团队建设的核心工作。只有加大对专业带头人的培养力度，注重引进优秀人才，注重培育内在实力，造就一批站在专业前沿、掌握行业和企业最新技术动态、引导市场的“团长”，“双师型”教学团队才能更好地适应市场。

作为现代职业教育“双师型”教师培育的重点对象，专业带头人的培育必须改变培育方式，加大培育力度。一是制定优惠政策，对引进的行业企业专家和高级技术人员进行教育教学相关理论和技术方面的“精加工”，使他们既能站在专业技术领域发展前沿，熟悉行业企业，又具有较高的教学水平和较强的教学教育能力。二是有计划地选拔专业理论扎实、有丰富教学经验和较强科研能力的“双师型”教师到行业企业进行一段时间的顶岗实践。这样可以丰富他们的企业实践经验，积累实际工作经历，掌握企业技术的最新动态，提高实践教学能力，逐步成长为领军人物。三是为专业带头人的培育创造良好的环境。必须加强与行业企业的联系，共建实训、实验基地；聘请行业企业技术骨干担任实训教师，参与教学计划、课程标准的制定，学生的评价等；同时学校要建立“双师型”教师资格认证体系，研究制定现代职业教育“双师型”教师任职标准和准入制度，重视“双师型”教师的职业道德、教学经历和科技开发服务能力，引导“双师型”教师进一步为企业和社区服务，积累

“团长”内力。

在对专业带头人重点培育的同时，学校也应与社会、企业、行业密切联系，使“双师型”教师充分了解专业的市场动态，采取各项激励措施提升“双师型”教学团队的社会服务能力，从而提升现代职业教育的人才培养质量。

（二）推广现代学徒制

现代学徒制是现代职业教育“双师型”教师培育的重要形式之一。从某种意义上讲，现代学徒制也可谓现代职业教育“双师型”教师培育的“初级阶段”。

1. 推广现代学徒制的意义

现代学徒制有利于促进行业、企业参与职业教育人才培养全过程，实现专业设置与产业需求对接，课程内容与职业标准对接，教学过程与生产过程对接，毕业证书与职业资格证书对接，职业教育与终身学习对接，提高人才培养质量和针对性。建立现代学徒制是职业教育主动服务当前经济社会发展要求，推动职业教育体系和劳动就业体系互动发展，打通和拓宽技术技能人才培养和成长通道，推进现代职业教育体系建设的战略选择；是深化产教融合、校企合作，推进工学结合、知行合一的有效途径；是全面实施素质教育，把提高职业技能和培育职业精神高度融合，培养学生社会责任感、创新精神、实践能力的重要举措。各地要高度重视现代学徒制试点工作，加大支持力度，大胆探索实践，着力构建现代学徒制培育体系，全面提升培养技术技能人才的能力和水平。

新时代现代学徒制，坚持服务发展、就业导向，以推进产教融合、适应需求、提高质量为目标，以创新招生制度、管理制度和人才培养模式为突破口，以形成校企分工合作、协同育人、共同发展的长效机制为着力点，以注重整体谋划、增强政策协调、鼓励基层首创为手段，不断探索、总结、完善、推广，促使形成具有中国特色的现代学徒制度，丰富现代职业教育“双师型”教师培育的内涵。

2. 推广现代学徒制的原则

一是坚持政府统筹，协调推进。充分发挥政府统筹协调作用，根据地方经济社会发展需求，系统规划现代学徒制工作，把立德树人，促进人的全面发展作为推行现代学徒制的根本任务，统筹利用好政府、行业、企业、学校、科研机构等方面的资源，协调好教育、人社、财政、发改等相关部门的关系，形成合力，共同研究解决推行现代学徒制中遇到的困难和问题。

二是坚持合作共赢，职责共担。坚持校企双主体育人，学校“双师型”教师和企业师傅双导师教学，明确学徒的企业员工和高职院校学生双重身份，签好学生与企业、学校与企业两个合同，形成学校和企业联合招生、联合培养、一体化育人的长效机制，切实提高生产、服务一线劳动者的综合素质和人才培养的针对性，解决好学校与企业共同发展的问题。

三是坚持因地制宜，分类指导。根据不同地区行业企业特点和人才培养要求，在招生与招工、学习与工作、教学与实践、学历证书与职业资格证书获取、资源建设与共享等方面因地制宜，积极探索切合实际的实现形式，形成特色。

四是坚持系统设计，重点突破。明确推行现代学徒制的目标和重点，系统设计人才培养方案，做好教学管理、考试评价、学生教育管理、招生与招工，以及师资配备保障措施等工作。以现代职业教育“双师型”教师培育为动力，以服务发展为宗旨，以促进就业为导向，深化体制机制改革，统筹发挥好政府和市场的作用，力争在关键环节和重点领域取得突破。

3. 现代学徒制的内涵与特点

(1) 现代学徒制的内涵

现代学徒制在一些国家也称为“新学徒制”，主要是指以校企合作为人才培养的基础，以学徒的培养为重点，以课程教学为纽带，以工学结合、半工半读为形式，以学校、行业、企业的深度参与，以及教师、师傅的深入指导为支撑的人才培养模式。一般来说，“现代学徒制”和“传统学徒制”在很多方面都具有相似性，比如：都有师傅对徒弟的教育作用和指导功能；都主张在“实际操作中学习，在学习中实现操作”。然而两者在构成意义和价值取向方面具有很大的差别，同时，现代学徒制人才培养模式的主体和形式都进行了一定的变化。

（2）现代学徒制的特点

现代学徒制具有以下显著特点：①以学生为主体，让学生在做中学、学中做，教师在做中教，充分体现了因材施教的原则；②身份上从学生—学徒—准员工—员工逐步转化；③校企双方深度合作，具有招生即招工、上课即上岗、毕业即就业的鲜明特色；④实现专业理论与专业技术技能的精准对接，增强了学生的学习主动性，锻炼了学生的社会适应性；⑤采用“校、企、生”三方共同评价方式，从“德、能、勤、绩”四方面进行过程性综合考核；⑥理论充分联系实际，有利于“双师型”教师培育。

4．现代学徒制的优势

（1）改革招生与招工

招生与招工一体化是开展现代学徒制的基础。积极推广“招生即招工、入校即入厂、校企联合培养”的现代学徒制，加强对现代职业教育招生工作的统筹协调，扩大高职院校的招生自主权，推动高职院校根据合作企业需求，与合作企业共同研制实施方案，扩大招生范围，改革考核方式、内容和录取办法，并将相关招生计划纳入现代职业教育年度招生计划进行统一管理。

（2）改革人才培养模式

工学结合人才培养模式改革是现代学徒制的核心内容。各地要选择适合开展现代学徒制培养的专业，引导高职院校与合作企业根据技术技能人才成长规律和工作岗位的实际需要，共同研制人才培养方案、开发课程和教材、设计实施教学、组织考核评价、开展教学研究等。校企双方应签订合作协议，高职院校承担系统的专业知识学习和技能训练；企业通过师傅带徒弟形式，依据培养方案进行岗位技能训练，真正实现校企一体化育人。

（3）改革师资队伍建设

校企共建师资队伍是推广现代学徒制的重要任务，也是现代职业教育“双师型”教师培育的重要内容。现代学徒制的教学任务必须由学校“双师型”教师和企业师傅共同承担，形成双导师制。各地要促进校企双方密切合作，打破现有教师编制和用工制度的束缚，探索建立“双师型”教师流动编制或设立兼职教师岗位，加大学校与企业之间人员互聘共用、双向挂职锻炼、横向联合技术研发和专业建设的力度。合作企业要选拔优秀高技能人才担任师傅，明确师傅的责任和待遇，师傅承担的教学任务应纳入考核，并可享受带徒津贴。高职院校要将“双师型”教师的企业实践和技术服务纳入教师考核，并将其作为晋升专业技术职务的重要依据。

（4）改革教学管理机制

科学合理的教学管理与运行机制是推广现代学徒制的重要保障。各地要切实推动高职院校与合作企业根据现代学徒制的特点，共同建立教学运行与质量监控体系，共同加强过程管理；指导合作企业制定专门的学徒管理办法，保证学徒基本权益；根据教学需要，合理安排学徒岗位，分配工作任务。高职院校要根据学徒培养工学交替的特点，实行弹性学制或学分制，创新和完善教学管理与运行机制，探索全日制学历教育的多种实现形式。高职院校和合作企业共同实施考核评价，将学徒岗位工作任务完成情况纳入考核范围。

（5）逐步丰富培养形式

现代学徒制应根据不同生源特点和专业特色，因材施教，探索不同的培养形式。各地应引导高职院校根据企业需求，充分利用国家注册入学、自主招生、单独招生等政策，针对不同生源，分别制定培养方案，推广不同形式的现代学徒制。

根据各地产业发展情况、办学条件、保障措施等，在总结经验的基础上，逐步扩大实施现代学徒制的范围和规模，使现代学徒制成为校企合作培养技术技能人才的重要途径。逐步建立起政府引导、行业参与、社会支持，企业和高职院校双主体育人的中国特色现代学徒制。

现代学徒制包括学历教育和非学历教育。各地应结合自身实际，可以从非学历教育入手，也可以从学历教育入手，探索现代学徒制人才培养规律，积累经验后逐步扩大。鼓励高职院校采用现代学徒制形式与合作企业联合开展企业员工岗前培训和转岗培训。

(6) 切实加强组织保障

各地应加强对现代学徒制的领导，落实责任制，建立跨部门的现代学徒制领导小组，定期会商和解决有关现代学徒制的重大问题。必须有专人负责，及时协调有关部门支持现代学徒制工作。引导和鼓励行业、企业与高职院校通过组建职教集团等形式，整合资源，为推广现代学徒制搭建平台。

各地教育行政部门要推动政府出台扶持政策，加大投入力度，通过财政资助、政府购买等奖励措施，引导企业和高职院校积极推广现代学徒制。并按照国家有关规定，保障学生权益，保证合理报酬，落实学徒的责任保险、工伤保险，确保学生安全。大力推进“双证融通”，对经过考核达到要求的毕业生，发放相应的学历证书和职业资格证书。

四、构建培养制度

如何构建适应“双师型”教师职业发展的培养培训制度至关重要，是衡量我国职业教育办学水平和师资队伍水平的关键指标，是职业教育能否办出特色、能否可持续发展的关键因素。因此，当务之急是建立一套合理、行之有效的“双师型”教师培养培训制度，保证“双师型”教师培养培训工作制度化、法治化。

(一) 加强政策制度建设

政府及教育行政部门是职业教育“双师型”教师培养培训制度的建设者、推动者，管理并引导着高职院校“双师型”教师队伍建设。政府一方面要加强对职业教育的重视程度，对职业教育教师培养培训工作给予政策和经费支持；另一方面要加快制定"双师型"教师培养培训制度，明确"双师型"教师的准入标准和培养途径等。

（二）巩固并拓展"双师型"教师培养途径

1. 加强"双师型"教师培训基地建设

目前，我国国家级职教师资培养培训基地担负着职业教育教师职后培训的重任，但是，尚未开设专门针对"双师型"教师的培训基地。"双师型"教师作为职业教育教师的生力军，必须有自己的培养培训基地，并配备专门的理论和实习指导教师。"双师型"教师培训基地可以依托职教师资培养培训基地，也可以是专门的"双师型"教师培训基地，可以设立在普通高等院校、高职院校中，也可以设立在大型企业中。对于适合建在学校中的基地，继续加强建设。对于行业、专业性比较强的培训基地，可利用企业在职工培训方面的现有条件，根据高职院校"双师型"教师培训的需要进行建设，成为高职院校"双师型"教师的校外培训基地。"双师型"教师培训基地建设应开辟政府、学校、企业多元化的投资渠道，充分发挥政府、学校与企业三方面的优势，通过多种渠道、多种方式筹集资金，实现资源共享。"双师型"教师培训基地应创新建设理念，改革以往由政府拨款的单一模式，探索学校自筹和企业赞助等多渠道筹集资金、共同投资的方式。学校应充分认识到培训基地对教师培训的重要性，加大对培训基地、实验室建设的经费投入，应充分发挥社会对教师培训的积极性，树立形象，加大社会及企业的认可程度。建立生产、教学、科研三结合的运行机制，跟踪高新技术，加强教学、生产与新科学、新技术、新工艺的推广和应用的紧密联系，以生产和科研促进教学，将教学融入科技发展和经济建设，是知识经济时代和信息技术社会下，"双师型"教师培训基地可持续发展的重要保障。职业教育是最适合开展"产学研"结合的教育，通过"产学研"结合，可以提高教师的科技开发能力和创新能力。高职院校应与产业部门和科研单位协作，共建培训基地和专项实验室，优势互补、资源共享。充分利用培训基地的先进技术与设备，为高职院校师生实训和行业、企业员工培训以及科研单位产品试验等创造有利条件。要积极开展应用项目研究、科技成果推广、生产技术服务、科技咨询和开发等科技工作及社会服务活动，形成教学、科研、生产和发展的良性循环，积极探索“产学研”三结合的运行机制及教学、培训模式，开拓实训、培训、咨询全方位的服务功能。融职业技术教育、职业技能培训、科技与社会服务为一体，实现教学、培训、服务一条龙，是我国发挥高职院校教学实践基地规模效益的新举措。市场竞争归根结底是人才及技术的竞争，要将科技成果迅速转化为生产力，提高工艺的智能成分和产品的技术含量，就必须提高员工素质和技术水平。职业教育应进一步强化实践训练，提高师生对新技术的开发与应用能力，以增强其就业竞争力与市场适应力。随着企业对职工岗前培训和在职培训的需求量大幅增长，迫切需要高职院校为其技术革新、工艺改造、产品开发、科学管理等提供咨询和服务。所以，基地应充分发挥这方面的优势，抓住这一历史机遇，积极开展职业教育实训、职业技术培训和科学技术咨询等，为经济、科技及企业发展提供多功能、全方位的服务。要在建设专业教室、教学工厂的过程中提高教师的技术开发能力。

2. 成立“双师型”教师工作室

“双师型”教师的成长与培养离不开宽松的环境，为了促进教师更快、更好地成为优秀的“双师型”教师，高职院校应该积极地改善教师工作的环境和条件。可以通过模拟企业车间的形式为高职院校教师创建个人实验室或实训室，为优秀的“双师型”教师设立工作室，给予他们必要的研究经费和政策支持，激发“双师型”教师的工作热情和研究兴趣。“双师型”教师在遇到研究障碍、研究瓶颈时，能够积极寻求企业、行业专家、高技术人才的帮助，为“双师型”教师理论与实践研究提供建设性意见。工作室由“双师型”教师负责运作，允许教师承接学校、企业研究课题，研究成果与企业、学校共同分享，以此为“双师型”教师的培养创造良好的氛围和条件。

第二节 “双师型”教师培养模式构建

一、院校培养模式

（一）明晰教育理念

“双师型”教师发展是一个知识获得的过程。正是对“双师型”教师的素质结构观的不同回答，导致了“双师型”教师专业发展的不同模式。目前，有一种相对比较流行的观点，认为“双师型”教师是具备由专业知识、教育知识和职业知识共同构成的复合型知识结构素质的教师，高职院校“双师型”教师专业发展过程是一个教师知识获得的过程。基于这种认识，我们将其归纳为院校培养模式，这一模式的形成根源于两方面的基本假设。

一是与人们对职业教育教学过程本质观的认识相关，认为职业教育教学过程就是向高职院校学生传递基本理论知识的过程，因此，高职院校“双师型”教师的职责就是传授学科专业的基本理论。在这种本质观的要求下，职业教育较为强调“双师型”教师的理论水平和学术素养，强调“双师型”教师在教学过程传播理论知识的水平和素养。因此，实质上，这一本质观下的“双师型”教师的发展主要体现在其理论知识素养上。

二是根源于知识决定能力的基本假设。院校培养模式的“双师型”教师发展过程将知识看得很重，认为知识作为主体精神世界的重要组成部分，是决定主体能力发展的最重要的因素。能力是在知识的掌握过程中所形成和发展的，离开了知识的学习和获得，任何能力都不能得到发展。“双师型”教师发展就意味着其专业知识、教育知识和职业知识的增长和获得。

基于上述假设，院校培养模式的“双师型”教师培养的重点是知识获得和行为变化，其过程是一个知识过程。这一模式认为，高职院校“双师型”教师所获得的专业知识是其专业发展基础，只要教师通过全面掌握专业和教育理论知识，便能将其转化成良好的专业教育实践能力；对教师进行学术理论教育是其专业成长的主要途径。因此，这一模式下的“双师型”教师多来源为综合型大学从事专业学术教育的毕业生及教师，认为只要学习了某一专业领域的知识就能够从事相关的职业教育教学工作。

（二）课程设置与实施

1. “职业课程＋教育课程＋专业课程”相整合的课程结构

充分发挥教育学与工学的优势，通过教育学课程的开设与工学课程的开设，构建一种复合型的知识体系，为此，需要构建一种“职业课程＋教育课程＋专业课程”相整合的课程结构。以机械设计与制造专业的硕士层次“双师型”职教师资培养为例，职业课程方面主要开设如职业科学、机械设计制造类职业工作分析等课程；教育课程主要开设教育基本理论、专题教育、科学研究方法论和职业教育心理学等课程；专业课程主要开设机械工程学科新进展和机械设计制造领域新技术专题研究课程。职业课程保障其职业素养的发展，教育课程培养其教育方面的素养，专业课程奠定专业基础，这三类课程整合一体服务于学生综合素质的养成及培养目标的达成。

2. “技能实践＋工程实践＋教育实践”相结合的课程实施实践环节

课程实施是将课程付诸实践的过程或活动。“双师型”职教师资培养的课程实施注重强化实践环节。在行业企业、院校教师（合作导师）指导下，进行技能培训、工程实践及教育教学实践：①技能实践。通过相关理论培训和实际操作训练，使其掌握与所从事专业领域相关的职业技能，并取得相应的职业资格证书。②工程实践。深入企业第一线进行工程实践，熟悉企业相关产品开发和生产工艺过程、研究相关技术技能的开发与应用，完成与相关学位论文选题相关的工程实践研究报告。③教育教学实践。在高职院校进行教育实践，参与高职院校相关专业的教育教学及专业建设和课程开发工作，完成与相关学位论文选题相关的教学实践研究报告。

3.“校内导师+校外导师”合作的双导师指导制度

“双导师”是指除校内导师外，在两类实习基地各有一名相应的专业人员作为指导教师。校内导师与校外合作导师相结合。学生在校内导师负责制的基础上，实行由校内教育学、机械类的指导教师和企业技术人员、高职院校教师组成的导师组共同指导的制度。校内导师是研究生培养的第一负责人，在研究生培养中起主导作用；导师组全程参与硕士研究生的指导工作，充分发挥集体培养优势。实践证明，“双导师制”培养思路非常符合硕士研究生的教育特点，在一定程度上弥补了教师只注重理论、不注重实践的缺憾。但是，双导师制在具体实施过程中还存在不少问题。在实际操作中，企业导师忙于工作生产，而校内导师又有教学任务，还有科研课题，不可能把过多的精力用在学生身上。因此，双方很难在一起共同商定研究生的培养，在一定程度上影响了硕士研究生的培养质量。只有规范、加强双导师制度，才会提高“高层次双师型”硕士研究生的培养质量。

（三）培养途径

1. 独立设置职业技术师范院校的专门化培养

从历史发展的进程来看，职业技术师范院校在职教师资培养中一直发挥着主要的力量和作用。

职业技术师范院校能够保证职业教育教师有稳定的来源，其作为一种新型的高等院校，既不同于普通工科类院校，也不同于普通高等师范院校，其始终以培养具有“学术性、技术性、师范性”为一体的职教师资为目标，重视实训基地建设，注重学生动手能力和师范能力，使教育学与工学有机融合。多年的发展中，各职业技术师范院校付出了巨大的努力，逐步构筑起来了较为完整的职教师资培养的学科体系，尤其在一些专业教学论方面取得了巨大的成就。例如，经济教学论、技术教学论等学科的发展奠定了职教师资培养的学术基础。

职业技术师范院校在多年的发展中积累了丰富的师资培养经验和成果，同时储备了大量从事职教师资培养的人才资源。职教师资是一种具有特殊性的专业人才，其培养也必然需要富有经验的专门人才资源。

2. 综合性大学、理工院校和技术型院校附设职业教育教师培养机构

综合性、工科性、技术性大学有些在学科与师资方面具有优势，有些则在技术与实验上具有自己独特的一面，而这些优势既可以吸引优秀的生源，也可以为职业教育教师的教育提供丰厚的基础设施。世界上许多国家依托普通高校开展职业教育师资培养。我国从 20 世纪 80 年代末逐渐在普通高校或师范院校设立职业技术教育学院。

（四）质量保障

这一模式强调“双师型”教师培养过程的学术性，关注教师的理论素养和学术水平，主要进行学科专业知识和教育专业知识的教育，对于其专业发展具有重要的意义。但是这一模式走入了“知识决定论”的误区，拥有知识并不一定能够实现能力发展，能力的发展不仅仅是一个知识提高过程，也需要一定的行为塑造和实践反思。我们在实践中往往会发现，一些职业教育教师的知识理论非常扎实，但是他们在实践中缺乏相应的技能，难以指导学生的实训环节。因此，需要改变职前培训中严重的学科化倾向，提高企业的参与度，引入现代企业的新技术、新工艺、新方法，跟上科学技术的发展，加大实践技能教学环节。在职后培训中，明确企业与职业院校合作的义务性，允许职校教师、学生能真正到企业实习锻炼，接触、掌握新技术、新方法、新工艺，从而提高教师的专业实践能力。让“双师型”教师有更多的机会去企业实习，参与到真正的生产加工中去，提高自身的实践能力；为基层教师提供更多的学习实践机会，为教师深入企业实践搭建更多平台；建立有关制度考核评价教师赴企业实践的实效性。

二、校企合作培养模式

（一）明晰教育理念：产学研相结合

实施产学研合作培养创新人才政策，建立政府指导下以企业为主体、市场为导向、多种形式的产学研战略联盟，通过共建科技创新平

台、开展合作教育、共同实施重大项目等方式，培养高层次人才和创新团队。

“双师型”教师培养的是一种复合型人才，其具备理实一体的职业教育能力、从事职业教育科学研究的研究能力和把握最新职业发展动态的实践能力。这三方面的复合能力仅仅在学校中、书本中是难以形成的，需要借助相关的实践平台和科研平台。从其成长规律来看，并不是先理论再实践，或者先实践再理论，或者理论实践同步进行的过程，而是较为复杂的，可能理论与实践的中介环节也在发挥作用，交织着理论学习实践应用和科学研究等多方面的环节。总之，这类人才的特征和成长规律具有独特性，其培养模式不同于普通职教师资的培养模式，应有独特的培养机制。这类复合型人才难以在单一的空间和场域中培养出来，需要优势互补的资源整合。通过产学研合作，就能够将学校和企业的各自优势发挥出来。学校在理论、教育和科研方面的优势明显，企业在生产实践、技术更新等方面的优势明显，二者互补能够为“双师型”教师培养提供平台。

产学研合作教育是一种以培养学生的全面素质、综合能力和就业竞争力为目的，利用学校、科研院所和企业三种不同的教育环境和教育资源，采取课堂教学与学生参加实际工作有机结合的方式，来培养适合不同用人单位需要的应用型人才的培养模式。产学研合作作为一种新型教育模式，主要是充分利用学校和企业、科研单位等多种场域在人才培养方面的各自优势，把以书本知识和实践能力为主的生产、实际经验、科研实践结合起来的教育形式。产学研有机联合是培养“双师型”教师的必然选择，这种机制能够整合多种资源，便于形成“双师型”教师的复合型人才特质。

（二）定位培养目标：理实一体的复合素质

产学研相结合模式培养的“双师型”教师，是一类复合型人才，其培养目标体现出来的复合化，主要是指从纵横两个维度上体现出其多方面、多层次的素质。横向上体现为专业素养、教育素养和职业素养的融合性，纵向上体现为理论知识层面、实践应用层面和研究创新层面的层次性。

产学研相结合的“双师型”教师培养模式所培养的人才具备相应的专业素养。理论知识层面体现为掌握所从事专业的基本理论体系；实践应用层面体现为能够在实践中熟练应用所学专业理论知识，具备较强的专业实践能力；研究创新层面体现在能够在该专业领域进行科研创新。

产学研相结合的“双师型”教师培养模式所培养的人才具备相应的教育素养。理论知识层面体现为掌握扎实的教育理论；实践应用层面体现为能够高效从事专业教育工作；研究创新层面体现为能够开展专业教育研究，在专业教学论、专业课程论、专业教育心理等方面有所建树。

产学研相结合的“双师型”教师培养模式所培养的人才具备相应的职业素养。理论知识层面体现为能够掌握与专业相近的职业信息，并能将最新的职业动态和技术变革信息融入自身的专业教育工作中；实践应用层面体现为能够在相近的职业技术领域熟练操作，取得匹配的职业技能资格证书；研究创新层面体现为能够应对技术变革和职业发展过程中的挑战，开展职业动向方面的理论研究与应用研究。

（三）整合化的课程设置与实施

正是“双师型”教师人才特征的复合化决定了其课程培养体系具有整合化特点。从不同的角度，可以将课程分为不同性质的类别，其课程体系体现出整合化特点。

一是专业课程、教育课程与职业课程整合。充分发挥教育学与工学的优势，通过教育学课程与工学课程的开设构建一种具有复合型的知识体系。需要构建一种“职业课程＋教育课程＋专业课程”相整合的课程结构。

二是基础性课程、研究性课程和应用性课程相整合。基础性课程保证其专业素养基础、教育素养基础和职业素养基础；研究性课程能够培养其职业教育研究能力；应用性课程能够发展其职业教育实践能力和职业技能实践能力。显然上述不同类别课程的不同功能，决定了其体系整合的复合功能的实现。

三、自主成长模式

(一) 明晰教育理念：自主实践反思的过程

当前科学技术发展速度不断加快，新技术、新发明层出不穷。对于“双师型”教师来说，其需要掌握的技术实践能力随着技术的更新应不断提升。同时，在有限的时间内，我们也不可能把人类社会中所有的知识和技术学完，特别是在当前知识经济时代，越来越呼唤“双师型”教师具备一种自主提升发展的能力，自主学习意识、自主学习能力成为“双师型”教师不断提升自我的主题。“双师型”教师的培养成长过程是一个自主实践反思的过程，“双师型”教师要永远能够与时俱进。

有观点认为，“双师型”教师对其专业活动的认识、理解和信念并不是从外部获得的，而是从内部构建的，构建的途径是通过多种形式的反思实现的。通过反思，“双师型”教师可以对自己及专业活动甚至相关的职业教育活动有更深入的理解，发现其中的职业教育意义和价值。“双师型”教师不仅仅是储存已有教育观念的“容器”，“双师型”教师的工作不仅仅是把其所获得的专业理论和教育理论应用于职业教育实践。也就是说，除了外部给予教师的理论知识之外，还存在着内隐于教师实践之中的“行动中的知识”——个体知识。在“实践—反思”模式中，“双师型”教师专业发展带有了更多的主动探究和自我改进的色彩，突出教师自身在其专业发展中的主体地位和价值。其专业发展过程是一种自我理解、自我成长，即专业发展是人的发展，它不是外在的、技术性知识的获取，而是通过各种形式的反思促进教师对于自己专业活动的理解。通过诸如写日志、传记、构想、文献分析等方式单独进行反思，或通过讲故事、信件交流、教师交流、参与观察等方式与人合作进行反思来实现发展。“双师型”教师专业的发展依赖于教师对自己的教学行为进行反思性的观察。有研究表明，对教学影响最大的因素既不是教育理论，也不是技能训练，而是教师通过自己上课所获得的对有效教学的理解。因此，教师应该让自己置身于不同的教学风格和方法中，反思自己的以及别人的教学，做自己的老师，从这些体验中获得更多的益处。反思性的观察就是一种教师主动学习和成长途径，“双师型”教师专业是一种鼓励认知、尝试、分享和推广合理性实践的个人内心的加工过程。在“反思性实践”中，“实践性认识论”替代“技术性熟练者”，构成了专家活动的基础。该模式认为应当关注“实践”，强调“实践”本身所包含的丰富内涵，关心“教师实际知道些什么”，并在这个“实践”的基础上提出专业发展的设想；认为教师专业发展的目的并不在于外在的、技术性知识的获取，而在于通过这种或那种形式促使教师对于自己、自己的专业活动，直至相关的物、事有更深入的“理解”，发现其中的“意义”，以促成所谓“反思性实践”。把教师的实践性知识和实践性智慧视为教师专业发展的重要基础，注重从教育教学活动的实践需求出发鼓励教师的自主学习和自我活动，把理论和实践紧密结合起来。“双师型”教师专业发展过程实质上突出了教师个人的主体性，强调了教师个体的个性化实践经验。从根本上说，职业教育教学活动是一种个性化的艺术活动，因此，我们很难通过程式化和模式化的规范去约束教学行为。教师在教学活动中完全可以根据自己的个性化经验进行创造和实践，职业教育教学过程是教师个体生命意义的一种体验过程，教师的专业发展是一种自我反思、自我理解和意义体验的过程。

（二）定位培养目标：可持续发展能力

未来的“双师型”教师仅靠职前教育和职后培训所获得的知识经验仍然不够，必须提高自身的可持续发展能力。它是指教师在个体发展过程中既要适应当前的发展，又要有利于今后的发展，更要为今后的又好又快发展提供充足的养分和条件，这也是个体发展的需要。“双师型”教师的可持续发展能力具体包括自主发展能力、自主学习能力、自我反思能力。

1. “双师型”教师自主发展能力

教师自主是一种自主性职业发展的能力，自主的教师能够真正懂得教学技巧何时、何地、为何以及如何在教学实践的自觉意识中获得。

“双师型”教师应成为具有强烈责任感，在教育教学活动中能够不断反思，具备自主的可持续发展能力。对技术技能提升的渴求应成为“双师型”教师成长发展的基本动力和前提条件。“双师型”教师要有自我认知的能力，对个人需要与专业技能发展目标关系准确认识，不断激发自我学习的动力，明确自己职业人生发展的目标。自我认知、自我批判、自我超越、自我创造应成为“双师型”教师专业成长的目标。

2.“双师型”教师自主学习能力

“双师型”教师的成长经历了“教师教育—教师培训—教师学习”这样几个历程，教师学习是当代教师发展问题的逻辑走向。从教师教育转向教师培训再转向教师学习，实质上是对教师主体地位和教师自身价值的肯定。美国学者泰勒就曾预言：“未来的在职培训，将不被看作是‘造就’教师，而是帮助、支持和鼓励每个教师发展他自己所看重、所希望增加的教学能力。占指导地位的、被普遍认可的精神，将把学习本身放在最重要的地位。”所谓教师学习，是指教师在自身努力或外部环境等因素的影响下，其专业知识、专业能力和专业态度等方面得到成长变化的过程或活动。教师学习是以教师主动性为核心的学习成长过程或活动，是对已有教师培训、教师教育的超越与发展。教师培训和教师教育等方面的工作有效开展实质上是以教师如何有效地学习或教师学习的内在机制为依托的。“双师型”教师学习不能简单地等同于教师培训，而是教师主体性和教师内在动力凸显的一项活动。

3.“双师型”教师自我反思能力

美国心理学家波斯纳曾提出教师成长公式：经验＋反思＝成长。他指出，如果教师仅仅满足于获得经验，而不是对经验进行深入的思考，那么他的发展将受到很大的限制。反思型教师能够成为终身学习者，教师具备反思的意识和能力，就能够持续不断地对自己的教育教学实践进行反思，便能够不断提高自我。学会反思是“双师型”教师发展中的重要内容，反思也是“双师型”教师可持续发展中不可或缺的教育教学行为。“双师型”教师通过自我反思，不断重新认识自身的教学行为和理念，能够促进自己对职业教育教学活动有更深刻的理解。从“双师型”

教师的职业实践技能获得来看，很大程度上属于缄默知识的范畴，需要依靠“双师型”教师长期的实践反思；从“双师型”教师的教育教学能力来看，也需要有自身的反思。

（三）课程设置与实施

1. 职业生涯规划教育课程

我国高职院校教师传统的职业生涯成长路径是“助教—讲师—副教授（高级讲师）—教授”这样一种模式。其实，这种路径缺乏企业或行业的技术能力和实践能力等元素，很难满足职业教育的要求。“双师型”教师作为职业教育教师，要突出其生产实践、企业技术等特色，其相应的成长路径应为“助理工程师—工程师—高级工程师—教授级高级工程师”与“助教—讲师—副教授（高级讲师）—教授”相交融，体现出“双师型”教师的成长过程是伴随着生产实践能力提升的教师学识水平发展的轨迹。所以，从这一角度上说，“双师型”教师自我成长的过程需要做好自身的职业生涯规划。

2. 教师实践案例课程

美国斯坦福大学退休教授李·舒尔曼则认为案例教学法“是理论与实践之间理想的折中方法，是当今教师教育的必然选择”。“双师型”教师的知识结构中存在着一类由职业实践知识、教育实践知识和专业实践知识所构成的实践性知识，这类知识直接奠定了“双师型”教师区别于其他教师的独特属性。这类知识恐怕很难依靠别人告知或通过书本阅读来获得，而是和“双师型”教师在其实践活动中不断内化、反思密切相关，是基于实践的反思而形成的一种个体化经验。所以，在“双师型”教师的职前培养、职中工作和职后培训过程中，也都离不开一种教师实践案例课程的学习。通过实践案例课程，职前培养的“双师型”教师可以借鉴其实践经验，职中工作的“双师型”教师可以与其自身的实践探索相对照来取长补短，职后培训的“双师型”教师可以提升自身实践经验。

3. 自我认知课程

对于传统的高职院校“双师型”教师培养，缺乏一种自我认知的教育。教师教育课程设置中，存在着认识其他事物的课程，而缺乏认识自我的课程。因此，需要加强“双师型”的自我认知意识和能力，对自身的专业发展方向能够自主认识。对“双师型”教师培养的自我认知课程主要围绕三个方面进行：对自己过去发展过程的意识、对自己现在发展状态和水平的意识、对自己未来发展的规划意识。

4. 微格教学法课程

微格教学法是一种反思教学的教师教育课程，可以把“双师型”教师的教育教学活动进行录像，然后重新回放录像内容，“双师型”教师及相关人员边看边议。教师自己在观看自身活动的录像中，能够不断认识自身的优势和不足，不断反思，逐渐形成自主发展的思路。同时，其他观看者以旁观者的视角可以为录像中的教师提出改进意见和建议。

（四）培养途径

1. “双师型”教师做好自主规划工作

有规划和目标的活动往往能够事半功倍，“双师型”教师的自主成长需要自主规划其职业人生，分析自身欠缺什么素质，需要哪方面的提升，近期主要学习什么、弥补什么，职称评定、技能提高、学历提升、企业经历等环节在什么时候完成，通过什么方式实现。

2. 基于“双师型”教师发展阶段分层次提升

“双师型”教师的各种素质需要一个连续性和阶段性的成长过程，根据自身职业生涯发展的规律，应经历几个发展阶段：从新手型“双师型”教师，到熟练型“双师型”教师，再到专家型“双师型”教师。这就需要“双师型”教师自身做好职业生涯的规划。新手型“双师型”教师实际上是一个初入门的阶段，要关注基本的教育教学能力、职业实践能力发展。熟练型“双师型”教师要关注经验提升、技术更新、智慧积累等方面的发展。专家型“双师型”教师要关注企业应用技术研发能力、技术服务能力、教育创新能力等方面的发展。基于发展阶段分层次培养，有助于实现“双师型”教师由被动发展向自主发展跨越，使每个层次的教师都有所发展。

3. “双师型”教师主动开展校本教研

结合学校的特色专业、精品课程、教材建设等工作，承担教学研究、专业建设和课程开发的工作，通过自主探索提升自身素质。可以对自己在教育教学过程中遇到的问题进行研究，在研究过程中解决自身遇到的问题，并能够提升自己的理论水平和经验。“双师型”教师的成长过程就是不断地开展校本教研而逐步丰富知识和经验的过程。

4. 主动撰写反思日记

反思是个体活动中的一种高级形式，是活动主体对自己的观念与行为进行的认知和审视。反思是“双师型”教师自主发展的重要途径。通过撰写反思日记，能够促进教师教育教学方法的改变，提高教育教学质量；能够帮助教师自身不断反思自己，总结经验，提高自身素质；也能够在反思中升华出具有普遍实际意义的理性认识，可以提高“双师型”教师的科研能力。主动撰写反思日记，主要反思自身的教学行为、管理行为和生产实践指导行为。通过反思日记，“双师型”教师能够以批判的眼光反观自己，分析相关问题产生的原因，通过总结经验和吸取教训，自觉提出改进发展的建议。

(五) 质量保障

建立教师自我培训的机制，通过制度和奖励政策激发教师的内在动力，发挥教师个体在“双师”培养过程中的主观能动性。要求教师根据自身条件，结合学校的“双师”目标规划，有针对性地通过自学、自培，不断提高完善自我。

1. 建立“双师型”教师激励机制

一是在职称评定和工资晋级方面，“双师型”教师在同等条件下优先；二是年度考核、评优奖励向“双师型”教师重点倾斜；三是提高经济待遇，设立“双师型”教师专项津贴；四是在选拔专业带头人和骨干教师、提拔干部时，优先考虑“双师型”教师；五是在学术进修、科研项目申请、课程安排等方面要优先考虑“双师型”教师。另外，要让“双师型”教师积极参与学校的管理，教师根据自身的条件积极为学校的发展献计献策。

2. 改革高职院校教师职称评价标准

我国高职院校教师的职称评审标准很大程度上是参照普通院校而设的，注重论文和科研项目的质量，未能准确反映高职院校教师的实践操作能力、技术技能人才培养水平等，这样的职称评审标准显然是不利于“双师型”教师队伍建设的。所以有必要修改完善高职院校教师职称评审标准，把技能考核作为职称评审的主要标准，适当降低学术水平要求，制定符合职业教育实际的职称评审标准，真正凸显职业教育对“双师型”教师的素质要求。

3. 提供“双师型”教师参与各项活动的机会

个体的自主发展意识和能力往往是在参与活动中得到增强的，高职院校要为“双师型”教师提供多方面的参与活动，在专业建设、课程开发、教学改革、学术交流等方面加大“双师型”教师参与力度，有效促进“双师型”教师发展的自主意识。

四、文化生态模式

以往人们对教师培养的研究，多关注从外部力量来促进教师的发展，多考虑学生的发展、理论的培养等方面，这是从外部孤立地看待教师的成长，很少关注教师与教师之间及相关因素的关系对教师成长的影响。从文化生态的角度看，“双师型”教师的培养成长是在与其他人、事、物相互的关系中进行的。在当前的职业教育实践中，亟须形成一种“双师型”教师培养的文化生态模式。文化生态是指一定时代各文化要素之间相互关联所呈现的形态以及由此形成的一种具有特征性的文化结构，它在本质上规定并表征着人的生存方式及其相互关联。“双师型”教师的文化生态培养模式就是将“双师型”教师视为一种特殊的文化，并将其置于相互联系的文化生态系统之中，在关联中实现“双师型”教师的成长发展。

（一）明晰教育理念："双师型"教师发展是一个文化生态过程

文化生态模式下对教师的研究，从关注个体的认知加工和操作技术转向关注个体与个体之间的关系。个体发展是在其所处的环境中逐渐成长的，是个体与文化相互建构的"参与中转变"过程。"双师型"教师发展离不开特定的社会文化环境，离不开周围的教师以及教师之间的相互影响和社区的活动。

同时，"教师专业发展即生态变革"的观点强调教师专业发展不能全然依靠自己，更应该从其所处的环境中寻求发展动力。因此，需要确立一种文化生态的发展模式。文化生态培养模式下的教师在其教育教学过程中，其专业实践风格是个性化的，教师在其实践中并不完全处于孤立状态，教师专业发展依赖于群体性的教学文化或教师文化。文化生态培养模式主要聚焦点不是学习某些学科知识和教育知识，也不是个别教师的反思，而是建构合作的教师文化，在合作互助中促进教师的发展。"双师型"教师的培养发展过程实质上是院校与企业、理论与实践、个人与群体等多方面的合作融合过程。

"双师型"教师的成长发展是一个文化生态过程，旨在从三个层面关注教师培养问题。①教师个人层面。通过对教师在文化活动参与中的个人成长经历、认知方式、思维模式、价值观念、处世态度、生活方式等的分析与解读，考察和剖析特定社会环境和文化对教师个体发展（表现在教育观念、知能结构和文化性格等方面）所产生的影响。②教师群体的人际层面。教师与同伴之间的合作交往是教师专业发展的重要方面。师傅带徒弟的方式是一种较为有效的教师培养之路。③职业教育文化生态环境层面。教师所处的工作生活环境对其专业发展也有着重要的影响作用。"双师型"教师的成长正是处于职业技能的熏陶和职业文化的涵养之中。文化生态模式下的"双师型"教师专业发展需要建设具有校企融合特点的学校文化，将企业文化融入学校，在学校营造企业化的氛围，建企业格言墙、励志格言墙，与企业合作在校内设立生产流水线，建一体化教室，实行一体化教学，通过产教结合培养学生，以推动和促进“双师型”教师专业发展水平的快速提升。

(二) 定位培养目标：形成一种“双师”文化

学习教学技能和职业技能对于“双师型”教师的培养成长具有重要的意义，但是在教学中，“专家”或“熟练者”的能力无法“直接”地传授给其他人，也就是说，在教学领域中，“方法”不是“公共的”；更重要的是，对于某个教师是“好的”、有效的方法，对其他教师而言未必也是好的。只有教师在专业精神、信念、价值观等文化层面得到涵养，才能成为具有内涵个性的教师。教师专业内涵的核心，或者说专业精神的原动力应该是文化，只有强大的文化才是教师专业能力、专业素质的根基。教师文化被看作是一种组织文化或群体文化，它是教师群体在共同的学校教育环境里、在教育教学过程中，创造出来的物质成果和精神成果的总和与表现。教师文化可以被划分为三个层次，即教师的思想观念层次、价值体系层次和行为模式层次，这三方面共同构成教师文化整体。“双师型”教师的文化生态培养模式旨在形成一种双师文化。双师文化深入渗透教师的信念、态度、对工作的理解和教育教学行为之中，能够对“双师型”教师的培养发展产生深刻的影响。

1. 坚定尊重技术技能的“双师型”教师的职业教育信念

信念是人们对某种观点、原则和理想等所形成的内心的真挚信仰。教师信念的确立是教师文化形成的根基。“双师型”教师也是如此，信念是其成长发展的思想基石，将直接影响教师的行为。正如菲蒙特和弗洛登所说：“有效的教育改革必须建立或重建在教师和那些准教师们既有信念的改革之上。”信念在个体的专业或职业发展中处于最高层次，它统摄着个体素质结构的其他方面，因此，“双师型”教师的职业教育信念是一种深层次的文化结构。“双师型”教师应始终坚定起一种高度重视职业教育的信念，坚信技术技能在国家社会发展的重要作用，坚信职业教育在国家社会经济发展中的价值。

2. 形成走进企业实践的“双师型”教师态度

教师文化构建就是在确立信念的基础上转变教师现有的不适应学校发展的态度，并随着态度的更新产生持久的行为倾向。“双师型”教师区别于普通教师的主要标志是其实践技能企业实践经历。形成“双师型”教师文化需要“双师型”教师有一种积极的企业实践态度。因此，“双师型”教师要主动走进企业，参与企业生产实践。对于企业生产实践，“双师型”教师要转变不合理、不正确、消极的态度，形成正确的、积极的态度。这一目标的实现需要提高“双师型”教师的工作满意度，增强“双师型”教师对职业教育的文化认同。

3. 塑造行动导向传递技术技能的“双师型”教师行为

教师文化基于教师的信念，最终落实在教师的专业态度和教育教学行为上。教师行为是教师文化的外显表征，“双师型”教师行为主要表现为技术技能教育和传承、教育教学方法的使用、与学生的交流互动、与同事的交往、与企业生产的联系等。行动导向的教师行为是“双师型”教师区别于普通教师的一个主要标志，这是根源于“双师型”教师所属的教育活动性质是教授技术技能而不是单纯的理论知识。

(三) 凸显“双师”文化的培养体系

“双师型”教师的成长是一个文化生态过程。“双师型”教师是一种特殊的文化形态和文化象征，“双师型”教师的培养是一个文化过程，“双师型”教师的成长发展依赖于“双师”文化。“双师”文化的培育是一项复杂的系统工程，需要构建一个政府、高职院校、高职院校教师以及“双师”群体共同参与的立体网络。“双师型”教师的深层次成长发展是一种文化过程，其体现为学术文化、企业文化和教师文化的融合。“双师”文化的培养需要建设具有校企融合特点的学校文化，将企业文化融入学校，在学校营造企业化的氛围，通过产教结合，以推动和促进“双师型”教师专业发展水平的快速提升。

(四) 培养文化生态模式“双师型”教师的途径

教师发展总是在一定的文化生态系统中实现的，学校需要为教师发展创造良好的文化生态环境，在人与文化的相互建构中实现学校和教师的主动发展。

1. 创设良好的学校文化生态系统

从文化生态培养模式来看，教师信念与教师教学行为并非因果联动的关系，而是互动关系，即教师的信念产生于教师实践和教师生存环境，受制于其所处环境中的价值观和文化，并指导着教师的实践活动，而教师在教学实践活动中的反思和积累的经验又可以改变教师已有的信念。

2. 将"双师型"教师置于企业文化环境下熏陶

基于"双师型"教师的成长是一个文化过程这一理念，着重通过技术文化、职业文化、企业文化等内在的力量构筑"双师型"教师的精神价值。教师价值观的改变和行为的改进，很难由别人强制灌输和改造，需要放在相适应的文化环境下自然熏陶和创生。"双师型"教师的成长需要依赖于真实的企业文化环境，只有深入真实的企业文化环境之中，"双师型"教师才容易而且深刻地内化和生成职业教育的价值与行为。

3. 创设好组织文化

教师的成长发展是教师与情境交互作用的过程和结果，组织文化是影响"双师型"教师成长发展的重要文化情境之一。教师是学习共同体的成员，可以在交流合作中实现专业发展。一方面是"双师型"教师在师傅带徒弟的模式中成长，新教师找一位经验丰富的老教师做专业课教学的指导教师，得到老教师一对一、一帮一的有效指点。在教学过程中，要求新、老教师相互听课，相互交流，相互探讨。老教师要毫无保留地把专业课知识传授给新教师，新教师要敢于独立解决专业课教学中的疑难问题，在教师教育教学经验的传递中汲取营养。通过积极互动，促使新教师专业知识水平的快速提升。实践表明，对于"双师型"教师职业教育教学能力的提升和职业实践技能的获得，"师傅带徒弟"的模式有着不可比拟的优势。另一方面是"双师型"教师在相互交流中不断内化各种信息，完善自身的认知、态度和行为。在相互交流中，可以发挥学科带头人的引领作用，构建学科带头人技术研发制度，选派学科带头人定期赴国内外高职院校和企业考察研修，使学科带头人掌握职业教育和企业生产的最新动态，为学科带头人创造参与技术改革和生产研发的条件，通过“传帮带”引领其他教师发展，进而提升“双师型”教师整体素质。

4．加强院校之间的交流合作

“双师型”教师培养的成本高，高职院校之间应该建立优势互补、资源共享的平台，加大纵深合作，使“双师型”教师培养的资源得到充分有效利用。高职院校可以选拔一批专业带头人和教学科研骨干到普通高校或科研单位提升学历学位，提高专业理论水平；也可以在高职院校之间经常进行交流访问活动，聘请兄弟高职院校“双师型”教师能手担任校外兼职教师，组织教师听公开课、示范课，参加研讨会等。

5．基于团队建设提升“双师型”教师能力

在“双师型”教师的成长发展过程中，存在着缺乏团队依托，处于自发松散的状态等问题。为解决这一问题，高职院校基于团队建设提升教师实践能力的团队建设目标，激发教师参与专业实践的积极性，在团队建设的目标和共担责任的认同过程中，提高教师对实践能力在人才培养中重要性的认识，增强对自身素质能力现状的自我认知，感受来自组织和同伴对提高素质能力绩效的压力，与相关企业建立优势互补的稳定合作关系。同时，借助团队带头人的影响关系，为团队成员教师发展提供稳定的基地。团队建设有助于发挥团队成员的自主性和创造性。

（五）培养文化生态模式“双师型”教师的质量保障

1．关注整体的“双师型”教师

教师的发展不仅仅关注其外在教学行为的改变，还应重视其价值的内化。在关注“双师型”教师本身的同时，更要关注其所处的环境。要将其置于复杂丰富的文化背景下，整体全面地认识“双师型”教师，不仅关注“双师型”教师的专业教学，也要关注其教育价值观和态度。

2. 形成“双师型”教师发展的竞争与合作机制

教师在群体的相互联系中往往能够得到深远的发展。比如，技能竞赛机制可以培养和提高“双师型”教师的素质。一方面，可以组织校内教师开展专业技能比赛活动，聘请行业企业的技术专家出题、当评委，学生和其他教师当观众，在这样的专业技能评比活动中提升“双师型”教师素质。另一方面，在指导学生参加各种高职院校技能大赛的活动中，以赛促学、以赛促练、以赛促教，可以培养和提高“双师型”教师素质，促使教师指导技能在竞争中提高。

3. 通过文化氛围建设进行感情激励

为“双师型”教师营造宽松的、民主参与的、具有发展意义的、具有凝聚力的校园文化和学术氛围，使“双师型”教师民主参与职校管理，能够满足其被尊重的需要，使其产生自我价值的实现感。最终吸引企业高技能人才进校，减少高职院校“双师型”教师流失，以感情激励的方式使“双师型”教师热爱职业教育，愿意投入职业教育教学活动之中。

4. 实行发展性“双师型”教师评价

教师评价是教师发展的重要反馈调节环节，直接影响着教师成长发展的路径和模式。建立多元化的评价指标体系，采用多样化的评价方式，尊重教师的人格和尊严，强调教师之间、评价者和被评价者之间的合作与交流，能够激发教师专业发展的热情。

第四章 工匠精神视域下“双师型”教师专业素质培育体系

第一节 工匠精神的培养

一、高职院校工匠精神的培养

（一）高职院校工匠精神培养的现状

当前，在很多高职院校中，对工匠精神的教育研究依然停留在相对简单的认知阶段，有的院校甚至认为工匠精神的培养就是开设几门课程，举办几次讲座，并没有深入地指导学生进行学习，工匠精神的培养环境有待改善，与课程的融合有待加强，教师的作用有待提升。

第一，尚未建立完善的现代职业教育体系。我国建设现代职教体系所追求的目标是要形成具有中国特色、世界水平的现代职业教育体系。但就现状来说，整个社会对职业教育的认可度不高，现代职业教育体系尚不完善。

第二，教育经费投入不足，导致工作难以深入开展。近年来，虽然教育经费在逐渐增加，但仍无法满足需求。要想让工匠精神的培育在职业教育中落地开花，必须加大对高职院校的经费投入。

第三，高职院校相关教师的缺乏。培养具有工匠精神的学生不仅需要教师有丰富的理论知识和先进的行业经验，也需要教师具有工匠精神，能够通过自身的言行影响学生。但现实情况是，高职院校真正能担此重任的教师数量较少，从校外引进教师又缺乏资金支持，师资力量的匮乏成为制约高职院校实行相关教育的因素之一。

（二）高职院校培养学生工匠精神的有效途径

第一，在真实情境中强化学生对专业的认知度和职业认同感。工匠精神的传承不是短时间内就能完成的，也不是只通过语言或者理论教学就能培养出来的，需要在真实情境中通过群体间的互动来培养。很多工作内容、工作环境在一段时期是没有变化的，是枯燥无味的，这就需要对工作始终保持执着与热爱，能够在枯燥的工作内容中找到乐趣和自我价值，并始终保持对工作一丝不苟的严谨态度。这种精神的培育不仅需要院校的教育，更需要社会环境潜移默化的影响。

第二，改善培养学生工匠精神的文化环境。学生在学习期间就进入企业进行实习，能够让学生充分感受和体会未来的工作环境，了解未来职业所需要的技能和职业素养，并通过企业文化标准检视学生存在的问题，促使学生不断提升自身的素质和技能。校园文化的熏陶也是培养学生工匠精神的重要方式。高职院校在进行校企合作时，可以让校园文化与企业文化相互渗透，可以充分利用校园的宣传手段，如校报、橱窗、展板、广播等，以学生喜闻乐见的方式，打造以工匠精神为主题的校园文化专题，通过专业技能大赛、第二课堂活动等，潜移默化地影响学生的言行举止。

第三，将培养学生工匠精神贯穿教育教学的全过程。学生学习基本技能和提高素养最直接的方式是课堂教学，高职院校应在现有课程体系的基础上进行改革，使工匠精神贯穿教育教学的全过程。高职院校在制定人才培养方案和课程体系时，可以使学校的课程设计紧跟企业和市场需求，采取工学交替的模式进行教学，使学生充分了解就业岗位的职业要求。

第四，完善教师队伍建设，潜移默化地帮助学生养成工匠精神。教师在学生成长、成才的过程中起着至关重要的作用，不仅要教授学生知识，而且也要在潜移默化中影响学生的思想和行为。在现有条件下，高职院校可以通过与企业进行深入的校企合作，在联合进行人才培养时，开展“教师＋师傅”的双重教育模式。教师队伍的构成不仅可以有学校的教师，还可以吸收企业中的技术人才，丰富、壮大教师队伍，让学生不仅能够学习到更加丰富的专业理论知识，而且能够紧跟企业岗位需求，将工匠精神融入学生的学习和生活中，进而达到培养工匠精神的目的。

二、职业教育中工匠精神的培养

用现代思想诠释工匠精神，其本质是一种职业精神，是职业道德、职业能力和职业素质的体现。敬业、专注、创新等工匠精神的丰富内涵，对职业教育中的职业素养培养具有重要的意义。

（一）工匠精神在职业教育中的价值

近年来，基于市场对专业技术人才的需求，职业教育在中国迅速发展。这种需求反映了中国包容性国力的提高以及各个行业和领域对创新与发展的渴望。职业教育对人才培养的要求不仅在于职业技能水平的提高，而且在于职业精神的养成。工匠精神所体现的丰富内涵与职业教育对培训人才的要求是吻合的。工匠精神的价值突出了培养现代化职业教育人才的目的，对中国职业教育的创新和发展具有重要意义。

（二）在职业教育中培养工匠精神的方法

1. 将工匠精神的含义整合到职业精神的培养中

专业精神是职业教育精神的重要组成部分。因此，要将工匠精神的培养与专业精神的培养相结合，争取达到事半功倍的效果。

在培养学生职业精神的过程中，高职院校必须自觉地渗透和融合工匠精神的丰富内涵。工匠精神的内涵在许多地方都与现代专业精神的内容相吻合，两者的融合将大大丰富培养的内容，达到事半功倍的效果。例如，工匠精神倡导的敬业精神和创新精神与专业精神所倡导的敬业精神的内容和目标是一致的。

2. 营造保护工匠精神的氛围

在职业教育中营造一种尊重工匠的良好氛围，保护工匠精神，是培养工匠精神的必要条件。在职业教育中，形成一种尊重工匠并保护工匠的精神氛围，其本质是对知识和创造的尊重。这不仅是培养和弘扬工匠精神的必要条件，也是养成现代职业精神的重要一部分。

3. 将工匠精神渗透到专业技能培训中

在职业教育中，职业技能培训是非常重要的。工匠精神的载体是职业技能，这在职业技能的获得中得到了体现。因此，将工匠精神渗透到职业技能培训中，对培养学生的工匠精神具有极其重要的作用。在这个方面，教师的专业素质以及对工匠精神的理解和实践起着至关重要的作用。此外，教师还应根据学生的综合专业技能，进行适当的个性化培训，强调个人技能的发展，使学生养成工匠精神，并对他们未来的职业发展产生重大影响。

4. 加强校企合作，培养学生的工匠精神

在中国古代，手工艺的传承是以指导和实践的方式进行的。徒弟从师傅那里学到的不仅是技能，还有对专业和个人成就的理解。现代学习系统在传统方式的基础上进行了更新，将重点放在培养专业技能和敬业精神上，同时也更加强调了学生的主观地位。校企联合成为培养工匠精神、发展现代学习体系的有效途径。校企合作是将传统培训与现代教育相结合的职业教育模式，学校和企业共同培训社会所需的高素质技术人才。校企合作充分发挥了学校和企业在培养学生方面各自的优势，使学生能够在学校内学习理论知识，在企业中了解企业文化和企业精神，使学生接受全面的培训，提高了学生的整体素质。

在职业教育中培养工匠精神只是培训的基本阶段，它强调学生对工匠精神的理解，并在实践专业技能的过程中进行实际应用，努力取得初步成果。

三、技能型人才与工匠精神的培养

在激烈的社会竞争下，企业对人才的要求越来越高，不仅要精明能干、技能高超，还要具备良好的职业素质，树立敬业精神，这也集中展现在工匠精神中。接下来将着重研究技能型人才的工匠精神培养，使其更好地为社会主义现代化建设服务。

（一）新时期培养工匠精神的必要性

目前，高科技产业无处不在，爱岗敬业的技术人才更是国家兴旺、发达的根本。在新的历史时期，技术技能型人才可以进一步促进国家和社会的发展。所以，技能型人才工匠精神的培养，既是社会发展的需要，也是国家发展战略的要求。

（二）技术技能型人才工匠精神的培养策略

1. 专业设置与市场对接

培养技术技能型人才的工匠精神，必须明确教学目标，以为社会输送人才为己任，与市场需求对接，设置合理的专业课程。为此，高职院校应注重市场调研，了解不同企业的不同需求，有针对性地设置相关专业的课程，确保技能型人才所掌握的内容更加接近企业的要求。同时，也要依据学生的兴趣设置专业课程和实践项目，用最新的企业动态去引导学生了解企业，让学生有高涨的热情去学习专业课，争做优秀人才，为技能型人才工匠精神的培育提供保障。

2. 产教与工匠精神的结合

经过长期的历史实践，人们越来越意识到理论联系实践的重要性。刚出校门的学生，如果只凭借理论知识，是很难胜任工作的，这就要求高职院校合理地为学生搭建实践平台，使其一边学习理论知识，一边通过平台进行实践演练，其中工匠精神的培养至关重要。高职院校有必要进行产教融合，在学习理论知识中培养学生的工匠精神，帮助学生在产业实践中领会工匠精神，为学生发展助力。

3. 企业主导现代师徒制

现阶段，为了充分发挥技能型人才的潜力，许多企业纷纷采用“现代学徒制”，而这对工匠精神的培养起着重要的促进作用。企业拥有明确的制度，可以让员工了解自己的职责、义务，以及失职后应承担的后果。通过现代师徒制，师傅可以获得相应的薪酬，会更加认真地教导徒弟。

4. 打造学生的匠心品质

对高职院校学生工匠精神的培养，主要可以采用以下两个办法：第一，院校要注重学生的主体地位，鼓励学生参与实践，通过举办技能竞赛、作品展览、社团活动等，逐步培养他们的工匠精神；第二，强化考评体系，定期考察学生的职业操守，确保学生始终保持高涨的学习热情，以良好的心态正视专业、规划未来，自然地融入工匠精神的培养体系中，最终提高技能型人才的匠心、匠品。

四、职场化管理中的工匠精神

工匠不仅具有技术含义，而且具有更深层次的精神含义。因此，高职院校要培养出具有工匠精神的技能型人才，不仅要对学生进行技能培养，而且要对学生进行精神塑造。

高职院校学生工匠精神的培养是一个系统工程，采用职场化的方式对学生进行管理是这个系统工程中非常重要的环节。职场化管理，由于其在实践上具有规范性、养成性等特点，对帮助学生不断地突破自我，形成新的思维观念，养成符合未来职场要求的行为习惯，具有十分重要的作用。

（一）工匠精神与职场化管理

1. 职场化管理的内涵

职场化管理主要是指高职院校为了满足社会对人才的需要，在学生日常管理中创设的一种职场化管理环境，是一种培养学生职场化素质的管理模式。职场化管理的基本特点是：按照职场对员工素质的要求设立管理目标和内容，按照职场人才的成长规律探索教育养成的方式和方法，让学生通过在校期间的学习和生活对职场有初步的认识，为更好地适应社会和职场奠定基础。

2. 职场化管理与工匠精神的关系

职场化管理与工匠精神有着密不可分的联系。在高职院校中，培养具有工匠精神的人才，是教学管理追求的目标之一。职场化管理是学生进行社会体验，养成职业思维和良好习惯的“类职场”实践环节，对职场化素质的形成具有促进意义。职场化管理是培养工匠精神的手段，学生工匠精神的培养离不开职场化管理的教育、养成和实践。

(二) 职场化管理中工匠精神的培养

高职院校中，学生工匠技能和工匠精神的培养主要可以通过以下三个途径来完成：一是职场化教学。主要解决学生对工匠技能和工匠精神的认知问题，使学生掌握职场的基本技能，形成正确的工匠思维和工匠观念。二是职场化实践。主要是解决学生在专业知识向技能素质和精神素质转化的过程中遇到的问题，为学生奠定基本的工匠技能和工匠精神基础。三是职场化管理。主要是通过对学生的日常管理，培养学生作为一名工匠应该具备的精神品质和行为习惯，解决学生的职场适应性问题。

在职场化管理中培养高职院校学生的工匠精神，可以采用以下三种方法。

1. 营造成长氛围，培养学生成为工匠的愿望和信心

通过职场化管理培养学生的工匠精神，要营造一种工匠型人才成长的职场管理氛围，使学生在校期间就能够通过所见、所感、所思，对工匠型人才产生敬意，对将自己打造成工匠型人才充满信心。对高职院校的学生来说，通过工匠人物、工匠事迹的熏陶，开展工匠型人才目标教育引导，能够帮助学生认可和热爱自己的职业，尽快确立自己的人生目标。

2. 构建竞争激励机制，培养学生不断突破自我的精神品质

不断追求、突破自我，是工匠型人才的优秀品质。这种不断突破自我的精神品质，是在大量的社会实践中被激发出来和逐步养成的。高职院校在职场化管理过程中，要始终围绕学生的工匠精神培养，有目的、有计划地设置和运行。

(1) 开展各种竞技活动，培养学生争先创优的竞争意识

在职场化管理中，学校要经常开展一些具有竞技性质的活动，如智

力比赛、技能比赛、演讲比赛、歌咏比赛、征文比赛等。这些比赛都具有激励作用，对学生突破自我具有重要意义。

（2）开展量化操行考核评比，强化和巩固学生的素质成果

按照工匠精神的标准进行量化考核。根据每名学生不同学期的不同表现加减量化分数，并将其作为评定奖学金、助学金，以及评优、评先的重要依据，激励学生提升自我能力。

（3）树立标杆，让学生有追赶目标和超越对象

在学校管理中，可以按照工匠素质培养的需要设置标兵，如学习标兵、实习标兵、创新标兵、技术标兵等。这些不仅对学生本身有促进作用，而且对其他学生也具有促进作用。

3. 培养学生追求完美的工作态度

追求完美，是工匠对待工作的基本态度。这种工作态度通常是在日常生活和工作中，通过持续关注、刻苦钻研养成的。这种工作态度一经形成，会对之后的学习、工作和日常生活产生持续的指导作用。

高职院校的“职场化管理”，在培养学生追求完美的工作态度和精神品质方面具有突出的优势。加强职场化管理，具体可以通过以下两种途径：

（1）进行严格的制度管理

严格的生活制度能够有效地培养学生的工匠精神。如寝室卫生、队列标准，以及个人、团队荣誉等，都能够有效培养学生的工匠精神，这种精神一经形成，无论环境如何变化，都会持续、自觉地发挥作用。

（2）组织学生积极开展公益实践活动

大量的社会公益实践活动能够有效培养学生的服务精神，如义工活动、扶贫项目、环保建设等。在参与公益活动的过程中，让学生真真切切地感受到精益求精、一丝不苟、专注耐心、专业敬业、淡泊名利、诚实守信等美好品质的价值所在。

高职院校的职场化管理在学生工匠精神的培养方面具有非常重要的作用。充分运用职场化管理资源培养学生的工匠精神是一项重要的教学

任务。因此，高职院校在管理上必须解放思想，用新的理念来规划和指导各项教育工作，为培养学生的工匠精神找出新路，并使其发挥应有的作用。

第二节　基于工匠精神“双师型”教师的专业素质培育探索

一、人力资本视角下的高职院校教师培训探析

教师的人力资本，是指凝聚在教师个体身上的知识、技能及其工作能力等多种要素的总称，又叫存量资本。存量资本中能直接发生作用，从而带来价值增值的那部分资本叫现实资本，又叫实际资本。原则上，一个具有教授职称的教师的存量资本大于一个具有讲师职称的教师的存量资本，但如果这个教授所产生的效能与一个讲师相当，那么该教授的实际资本价值也只能相当于一个讲师。人力资本的变化是一个相对无终极的不断发展和累积的过程，通过投资使用和在职培训能够使其自我增值和不断提高。因而，高职院校教师一方面要不断积累和培育存量资本，另一方面要最大限度地把存量资本转化为现实资本，使其产生更好的增值效应。无论是存量资本的积累还是现实资本的转化，教师培训都是不可或缺的重要途径。

（一）高职院校教师人力资本的特殊性及在职培训的必要性

与其他种类的教师和人力资本相比，高职院校教师的人力资本具有一定的特殊性，这种特殊性决定了高职院教师在职培训更为必要也更加紧迫。

1．鲜明的职业性

高职教育直接面向市场，面向生产第一线。它肩负着为社会培养有知识、有文化的能工巧匠的重任，为各行各业培养各类高技能人才，为

经济社会可持续发展提供直接的技能型人力资源支撑。高职院校的科研也是直接服务于产品开发、应用技术研发，并直接产生经济效益。作为高技能人才培养的主力军，高职院校教师的人力资本具有显著的职业性要求。与普通高校教师相比，高职院校教师不仅要掌握一定的学科理论知识，更要投入相当精力获得实践技能。随着高等职业教育的迅速发展，大批高校毕业生充实到高职教师队伍中来。来自普通高校的高学历毕业生普遍没有企业工作经验，大多偏重理论而缺乏实践技能，存在着专业性、技能性普遍缺乏的状况，这些高职教师的学历提升以及人力资本积累与转化只能依托于有效的职后培训。

2. 明显的稀缺性

高职教育的特点决定了高职教师必须拥有“双师型”素质，不仅要具备普通高校教师的教学科研能力，还需具备丰富的社会实践技能，一般要求与市场联系紧密，有广泛的社会人脉基础。因此，优秀的高职院校师资相对稀缺，一直是人力资源市场争夺的热点。高职教师个体的存量资本越大、质量越高，则教师人力资本的价值也越高。一般情况下，博士生的存量资本转化为现实资本后所产生的效能，总体上会大于或远远大于硕士生。与本科院校相比，进入高职院校教师的存量资本略低，所以高职院校在教师队伍的培训方面大都不惜重金，正是基于将教师的存量资本转变为现实资本所能产生的巨大效能的潜在预期，该预期对高职院校师资培训所愿意支付的成本大小起着决定性的作用。

3. 较强的时效性

随着产业结构调整和优化升级，新兴产业不断涌现，这不仅要求高职院校设置的专业与之动态适应，也要求培养的人才具有较强的职业迁移能力，以适应环境变化的需要。高职院校教师为了适应这种人才需求多变性的特点，必须与市场联系、与企业联系，了解生产第一线的技术变化，具备“一专多能”的素养。没有知识更新的教师人力资本在使用过程中会逐步荒废或者退化，导致存量资本长时间不能转变为现实资本，这就要求高职院校通过适当的职后培训及时转化存量资本，并适时培育新资本，从而在不断提高人力资本存量和质量的同时，加大存量资本的转化，发挥教师人力资本的更大效能。

4. 天然的趋利性

经济学的基本指导思想是：所有经济个体都是“理性经济人”，也就是说任何资本都有天然的趋利性。高职院校教师的人力资本也不例外，他们一般比普通高校教师社会地位低，加之其人力资本具有较强的共享性，一旦有更好的发展机会、更好的物质待遇或者有更好的工作环境，高职教师就可能出现流动或者迁移。事实上，目前高职院校中普遍存在着骨干教师流失现象，流向科研学术环境好的普通高校或流向效益好的企业。教师个体在进入高职院校之前，首先会对自己的价值以及对高职院校组织的价值进行预估，从而形成一个对高职院校组织的期望定位。同时，高职院校组织作为人力资本的使用者也要对个体人力资本可能对高职院校产生的实际或潜在的效用进行预估，从而形成一个期望定位。当人力资本供给者和使用者的期望达到一定平衡的时候便形成了教师人力资本的使用合约。值得注意的是，人力资本的供给者和使用者对双方的期望并不是随着合约的形成而永久固定，这种期望会因为各种内外因素的影响而不断变化。当这种平衡被打破且不能形成新的平衡时，就会出现解除合约的情况。为了避免高质量人力资本可能出现的流失，高职院校要想方设法稳定教师队伍，国内外学习、进修、访学等在职培训形式会构成除高薪资以外有效的精神激励，这有助于留住优质的高职院校人力资本。

（二）实现高职院校教师人力资本增值的策略

我国职业教育发展已经由注重数量和规模开始转向越来越注重质量和内涵的战略调整。作为职业教育质量保障关键的师资队伍建设是这一战略调整中必不可少的重要一环。为了实现高职院校教师的人力资本增值，政府部门和高职院校应当有所作为，也可以大有作为。

1. 政府要提供全方位的政策支持与保障

鼓励和支持高职院校教师从事企业实践。由于涉及商业机密和知识产权，企业对于外面介入者不能完全放开，所以高职教师很难“零距离”实际参与到企业生产经营管理中。政府及其有关部门应当对接纳教师顶岗的企业给予税收优惠，从而激励企业积极参与教师培训；应当对高职院校教师开展技术研发、技术转让、技术咨询和技术服务等“四技”服务和举办培训班等方面取得的收入，免征或少征所得税和流转税，从而使高职院校专业教师能够深入企业，在专业学科知识的基础上，加强理论与实践的结合，不断增强科研能力，提高专业水准。

加大对高职教师专业化发展的投入。教师专业化发展是一个人力资源开发的缓慢过程，需要人力、物力的投入。建立完善的职称评定制度和考核制度能够为高职教师专业化发展提供制度保障。高职教师的职称评定要与高职教育的特点相吻合，体现高职特色，突出实践能力，不宜过分强调发表论文的数量和刊物等级的高低，应重视实际操作能力和研究能力。对高职院校教师的考核，要综合平衡师德、职称、学历、教学能力、科研能力和实际操作能力等方面，制定系统全面、科学合理、公平公正的评价指标体系。

2. 高职院校要努力构建多样化的人力资本增值平台

高职院校对人力资源开发要有长远的考虑，从组织发展阶段来看，每个组织都会经历创业期、发展期、成熟期与衰退期，师资培训也要与组织发展阶段的特点相适应，既不宜超前于学校发展，也不能等到发现问题再培训，更不能把培训看作一劳永逸的事。由于我国高职教育的发展水平不同，高职院校可以根据自身条件为教师提供多渠道、多类别、多样性的培训模式。

以人事部门为主体，创造良好的培训氛围。其一，高职院校需完善人事制度，提高教师的工资待遇，为其职业生涯规划提供物质保障；需加强院系教学工作安排的合理性，为其职业生涯规划提供时间保障。其二，学校要制定适应本校环境的相关制度措施，充分利用网络等媒介广泛宣传，并加大政策的执行力度。其三，学校要制定纲领性的职业生涯规划方案，引导院系及员工个人制定相应的职业发展目标，使学校的发展与教师的个人发展有机结合，促进学校与个人的共同发展。其四，针对教师职业发展的需求，学校要专门组织专题讲座和培训，设立专门机构对青年教职工的职业生涯规划进行专业指导，定期反馈。

以专业竞赛为平台，提升高职教师的教学实践能力。教学竞赛是提升教师教学能力水平的有效方法之一。设计策划系列教学竞赛，展示和提升教师对高职教育新理念和新知识的学习能力、课程开发能力、课堂教学能力、生产实践能力，有利于提高教学质量。针对部分高职教师职前缺乏课堂组织教学实习训练、教育学心理学理论薄弱的实际情况，可以采用教案评比、教学论文答辩、教学公开课等形式，通过现场分析、评委点评、选手交流，使参赛者能更准确地进行自我评价、自我反省和自我提升，从而促使教师有意识地学习应用相关的教育教学理念，把握课堂教学规律，提升课堂教学的组织能力。高职教学具有鲜明的“职业性”特点，针对部分高职教师实践动手能力薄弱的现状，要根据不同专业特点，开展系列教师专业实践技能操作比赛。只有具有娴熟的实践操作能力，才有对学生职业技术的指导能力。要求参赛者亲自动手进行生产加工、设备拆装、故障查找、读图分析或生产工艺反应机理分析，体现参赛者在实训课程指导方面的自身动手能力，重点评价操作的准确性、规范性和娴熟性。聘请相关企业的工程师、技术人员担任评委，从实际工作角度对教师的操作水平进行评价和指导。这个平台有助于教师将课程内容和职业标准相结合，将专业建设和职业岗位相结合，能有效提高教师的实践教学能力。

以科研项目建设为平台，提升教师的科研和实践业务能力。以精品课程建设和课题研究为主的科研项目是学校提升教师科研能力的重要平台。要围绕高职院校内涵建设与特色发展，以应用型研究和开发型研究为主，把科研工作同高职培养目标、专业建设和企业对技术的需求紧密结合起来，产学研结合，开展课题研究。精品课程建设的目标是建设成具有一流教师队伍、一流教学内容、一流教学方法、一流教材、一流教学管理等特点的示范性课程。精品课程建设是一个复杂的系统工程，涉及课程设置、教学设计、教学内容、教学方法、教育心理、教育技术和与当代社会实践相结合等很多方面的内容。精品课程建设能够引导教师将教学、科研有机结合，在课程框架内完成教学与科研。在研究中教学，在教学中研究，既有方法的探索，又有理论的升华，还有实践的应用。高职院校要重视院级科研项目的开发管理。院级项目的设置门槛低，与教师的教学紧密相连，有利于提高教师的参与积极性。要以院级科研项目为基础，整合教师队伍，形成科研团队，积聚科研实力，这尤其给青年教师的成长提供了很好的发展平台。通过一段时间的实践积累，青年教师能够汇集一定的科研成果，为后续申报高一级课题打下基础。

以校企合作建设为平台，提升教师的社会服务能力。在校企合作的人才培养模式中，企业是学校生存的依靠、发展的源泉，而学校则是企业发展的人才库和技术革新的思想库。学校根据企业的人才培养规格要求开发课程，使职业标准与课程标准有机结合，为企业提供理论咨询、职工培训、技术改造等方面的服务。企业为学校提供必要的资金支持、“双师型”教师人力资源开发、学生顶岗实习等服务，使校企双方的人力资本都得以增值，是一种双赢模式。学校要提供制度保障，促使教师到企业实践锻炼，了解企业的生产组织方式和实际工作流程，体验岗位职责和企业文化，把握企业用人标准和专业岗位群的具体要求，不断完善教学方案，提升实践教学能力。利用校企合作培训基地，充分发挥学校和企业的人力资源优势。一方面，从企业聘请既有丰富工作经验又有扎实理论基础的高级技术人员或管理人员到学校做实训指导教师；另一方面，鼓励教师参与企业的技术革新、产品开发、管理服务等，将科研成果转化为产品，将教师的隐性价值转化为显性价值，满足教师自我价值的实现，这有助于有效控制日益严重的职业倦怠所带来的教师人力资本的损耗。

重视各类培训效果评估，促进培训成果转化。高职院校在评估一个培训计划或项目的效果和效益时，可参考柯卡帕切提出的“四标准”：①学员反映。即评价受训教师对整个培训过程的意见和看法，包括对培训内容、讲课教师及主持人的水平、培训方式、时间安排、环境设施等各方面的反映。②知识标准。即受训教师通过培训学习所获得的有关工作原理、技能、程序、态度、行为等方面的知识。③行为标准。即培训过后受训教师返回工作岗位的行为变化，主要是指工作中的行为表现和工作绩效，通常都是良性的变化。④培训成果。即培训的投资回报，培训活动的开展对学校及工作环境产生的影响，包括学生及家长对教师的投诉是否减少、学生的成绩与技能是否得到改进、教师流动是否减少、教师满意度是否增加、录取率是否提高、新生质量是否上升、教师收入是否增加，等等。这四项标准可以从不同侧面、不同层次提供培训信息，对培训工作进行检测，从而发现培训工作中存在的问题。同时，高职院校应积极提倡将培训成果运用到工作中，并奖励运用较好的教师，关注新的受训教师，与他们讨论如何将培训成果运用到工作中。只有通过不断的实践、应用、反馈，培育出支持培训成果转化的工作环境，才会让教师有所触动，并促使其对以往的工作方式进行反思，唯此才能真正将培训成果储存起来，并在今后的工作中有效释放。

值得注意的是，高职院校教师的人力资本是一种交易的对象，其使用者总是希望在交易过程中以最小的成本获得最大的利益；而供给者即人力资本的所有者，总是希望在交易中获得与其资本价值相匹配的报酬。人力资本的拥有者是人，因而具有能动性特征，双方合约形成后，所有者的存量资本转化为现实资本的量必须达到合约的约定，但所有者能否更多地把存量资本转化为现实资本则完全受控于人力资本的所有者。所以，只有教师自身具有增加人力资本以及将人力资本由存量资本转化为现实资本的主观能动性，才能最大限度地实现人力资本增值和实现人力资本所有权向使用权的转移，这就要求高职院校教师在职培训的任何措施都必须保护和调动教师的积极性。

二、终身教育理念下高职院校“双师型”队伍建设研究

(一) 终身教育与高职教育

职业教育已成为终身教育体系的重要组成部分，而作为职业教育体系中的高职教育，在终身教育体系中发挥了积极作用。高职教育不仅推动了高等教育大众化，为终身教育提供了学习场所，而且高职教育“以能力为中心、以就业为导向”的关键能力培养，将为终身教育打下坚实的基础。

在科技迅猛发展的背景下，根据终身教育理念的内涵，高职院校的教师只有努力接受新知识和新技术，不断提高自身素质，才能紧跟时代的步伐。同时，随着生源结构的日益多样化，教师还要及时调整自己的教育理念和教学方法。教师要具备终身学习的能力，这既是社会发展对人的要求，也是教育变革对教师职业角色的要求。

(二) 终身教育理念下高职院校“双师型”队伍建设的措施

1. 政府层面：完善相关政策法规

第一，高职院校的教师不仅大都承担着较为繁重的教学任务，而且又将大量精力放在科研上，专业实践能力得不到有效锻炼。因此，高职院校教师专业技术职称评审应改变目前职业教育中存在的“重理论、轻教学，重研究、轻应用”的局面，应适当降低科研能力要求，相应提高专业实践能力要求的比重，真正发挥职称的导向和激励作用，充分体现职业教育“双师型”教师的特性。第二，高职院校的教师进行企业实践时，如果不是项目合作开发，大部分企业并不欢迎教师进行调研或锻炼。政府应充分发挥相关企事业单位在师资培训中的作用，鼓励单位参与职业教育师资培训。同时，对高职院校以及教师、承担培训的机构及相关行政部门等各方，都应制定出其应当承担的法律责任和义务以及相应的单项条款和实施细则。

2. 学院层面

（1）学校重视。职业教育是终身教育体系的重要组成部分，高职院校为受教育者提供的教育应该特别注意培养其对经济发展的反应能力和适应能力。所以，高职院校要制定切实可行的教师终身培训制度，以市场为导向，在专业设置、课程开发、就业推荐、订单式培养、教师和企业员工交流培训、项目合作开发等方面，积极与企业展开深度合作。只有学校联合企业搭好了舞台，教师才能在这个舞台上尽情施展才华，为受教育者提供更好的培训。

（2）完善鼓励措施。学校应制定相应的政策，鼓励、督促教师参加各种培训和进修。

3. 教师层面

（1）提升职业道德修养。“双师型”教师必须具有良好的职业道德和敬业精神。刚成年的大学生，其世界观、人生观和价值观尚未定型，教师的言行举止对他们“三观”的形成具有很大的影响，这就要求教师要具备良好的职业素质。

（2）树立终身学习理念。教师不仅是知识和技能的传授者，也是新知识和新技能的学习传播者。随着科技、教育的迅速发展，教师应充分认识到，继续教育的目的在于提高自身的综合素质。所以，教师应树立终身教育理念，成为终身学习的先行者，主动汲取新知识，不断学习新的教育理念，提高自身专业素养，培养自己的知识学习能力和应用能力。在具体的工作中将理论与实践相结合，将知识、技能有效地传授给学生，真正做到传道、授业、解惑。

高职院校在发展过程中，越来越重视“双师型”队伍建设。在终身教育理念下，只有政府、学校、教师三方各尽其责，“双师型”队伍建设工作才能更有效地向前推进。随着“双师型”教师的逐渐增加，如何更好地对这些教师进行激励、管理和考核，以发挥其最大作用，是值得深入思考和研究的课题。

三、高职教师发展中心未来趋向

高职教师发展中心从最初的模仿本科高校模式，发展到逐渐摸索适合自己的道路。但是，在高职教师的教学能力、职业实践、学术价值等认可制度尚未完善的社会背景下，力图促进职教质量提高的高职教师发展中心可谓任重道远。高职教师发展中心要关注高职与普通本科高校师资的“学术性”与“实践性”的差异化需求，围绕合理设计教师成长导航图、激励措施、顶层设计等方面量身定制服务项目。

近年来，随着中国高等教育从精英化到大众化的改变，高职院校教师数量持续增加，年轻教师基数越来越大。高职院校新加入的教师主要是刚毕业的应届生，他们自身理论知识尚可，但缺乏专业实践和教学技能。学校虽然对新入职教师进行了从业资格培训甚至入职考试，但一般侧重于理论灌输，由于时间和内容的限制，无法真正提升教师的教育教学技能。原有的教师培训是静态模式，难以记录高职教师在职业和专业成长过程中不断追求及提高的历程，因此也就无法从长远出发对教师的成长提供具有价值的引导。而教师发展中心可以为广大高职教师提供教学服务，通过制定一套行之有效、有针对性的系统训练方案，帮助教师规划符合自身实际的职业生涯发展道路，解决教育教学和科研中遇到的困难，提升教学技能与研究水平，提高工作积极性。教师发展中心从命名和实践上都体现了生涯发展规划，强调教师在专业发展的不同阶段、不同层面上因不懈追求和能力成长而更新历程，丰富和充实了单纯的教师培训内容。

（一）顶层设计教师发展中心的组织工作

顶层设计是宏观战略远景规划，是指从高端部门高屋建瓴、自上而下的设计。目前，高职院校对教师发展中心的组织架构大都停留在中微观层面，少有组织制高点和高层把控。虽然有的高职院校建立了校级直属的教师发展中心，或者将教师发展中心设置在人事或教务处等某个处级部门，并配置了专职人员，制定了机构方案。但很多高职院校没有充分理解这个任务型组织的内涵和要求，对于教师发展中心的性质定位、工作重心、专家队伍配置等的认识比较模糊，有的中心成员数量严重不足，甚至参与其中的只是志愿者，中心的有效运作无法得到保障。资源配置不合理或管理失当问题制约了教师发展中心的职能发挥，导致教师的实际需求无法真正得到满足，使中心形同虚设。因此，对教师发展中心的组织工作进行顶层设计显得尤为必要，高层次的管理者要站在顶层高度，从全局出发，把握中心的统筹谋划。

（二）扩大受益群体

目前，高职教师发展中心辅导项目还是大多来自早先的教师培训内容，在兼顾不同群体需求方面有待进一步提高。高职教师发展中心应当投入更多的人力和物力，调查教师教学发展的实际需求，与时俱进地开设丰富多样的特色项目，充分考虑不同专业、兴趣、经历、资历的教职员工的要求。既要根据不同角色为教职员工提供建议和指导，也要为处于不同阶段的教职员工提供帮助和引领，如引导教师更有效地选择学术会议，帮助女性教师获得高职位，制作翻转课堂、微课，以及为从高校毕业的新加入教师提供进入企业观摩或带薪实习的机会等。

（三）多元化保障教师发展中心经费

校内预算是教师发展中心可持续发展的主要来源。我国高职院校一要建立校内教师发展基金，作为教师发展中心活动经费的固定来源；二要向某些公益基金或校友会等组织提出申请，获得支持中心活动项目的经费资助；三要敦促教育主管部门在财政预算中确定教师发展中心运作经费的金额。有了多元化的经费保障，教师才能切实享受到发展中心的红利。

（四）教师发展中心应配备一线教师和企业行家

教师发展中心一般不具有行政管理职能，而是主要为教师教学、科研、职业实践提供服务和政策支持。教师发展中心应多聘请来自企业的行家里手和来自学院不同学科领域的优秀教师，他们有着各自的专业特长和实践技能，可以服务和帮助不同学科背景的对象，能够熟练使用专业术语沟通交流、点评示范。他们的职业责任感、专业权威性和引领示范作用，是教师发展中心成功运作的关键因素。

(五) 制定匹配的激励措施

缺少合理、有效、具有吸引力的激励制度是以往高职院校教师培训工作的短板。由于缺少匹配的激励措施，大部分教师参加培训的功利性强，如为了涨工资或晋升等需求，而并非为了完善知识结构、增强理论底蕴、提高教学技能和实践水平，以致培训工作轻过程、重形式，浪费了人力、财力，也收不到预期效果。教师发展中心应尊重、挖掘教师的个人发展诉求、专业背景、成长愿望，为其提供良好的教学研究环境和知识共享平台，创建自由、和谐、宽松、团结向上的组织氛围，培养组织认同感，激发工作积极性。高职院校教师发展中心应积极制定配套政策，在校内资源供给、奖项评比和评优评先中，向一线的专任教师倾斜，突出专业实践引领，对贴近一线生产的教学设计和更新改造、与企业紧密合作的产品开发，尤其是服务于企业的技术应用和专利创新等研究项目予以重点支持，引导教师有效提高教学和专业实践能力。

(六) 搭建将理论知识转化为生产力的教师创业平台

在“大众创业、万众创新”的时代背景下，高职院校可以把创业作为提升教师实践技能的举措之一。新入职的青年教师大多停留在从书本到书本、从理论到理论的阶段，不过，受全民“微商”的影响，他们也有创业的激情和冲动。现今很多高职院校创设了学生创业园，试图通过孵化器的形式对学生进行实践教育和实战演练。创业园一般聘请企业人员充当创业导师，但这些创业导师经常游离于教学状态之外，教学经验不足，随意性较大，而成熟企业的管理经验和大企业的成功案例又不适用于刚刚成立的小微企业，导致创业园教育教学效果欠佳。创新创业是教师参与社会实践的有效模式，由此，教师能够零距离自主深入企业一线，熟悉职业技能，探索实践规律。高职教师发展中心可以尝试为教师提供创业平台或孵化资金，从“供给侧”改革入手，鼓励教师将专业理论知识职业化、市场化，通过创设真实情境的教学环境，对接学生实践教学环节，开辟用理论知识创造社会和个人财富的良好途径。

四、自我效能视域下职业教育中工匠精神培育的探讨

（一）自我效能理论

自我效能理论是美国著名社会学习理论的创始人班杜拉20世纪70年代中期在研究社会学习和社会认知理论基础上得到的逻辑产物，该观点认为人的行为和动机有一定的理智决定模式，属性上表现为三元交互决定论，即外界环境、他人行为以及个体表现等中介过程对自我思维、认知、评价等与人这个主体因素之间的交互作用。自我效能理论一经提出，就成为社会学界的热点问题，理论研究和实践应用的成果层出不穷，在创新和健康领域得到广泛应用，在学校教育方面也展现出了很强的实践价值。

自我效能理论研究指出，可以在以下三个方面培养自我效能感：首先，增加自己对成功的亲身体验，自我效能感认为个体与在外界环境影响下产生的效能不是自己的无端推定，而是多次从事某一同类任务的亲身体会，直接经历是获得自我效能感的最有效方式，个体成功的经历自然会加大自我效能感，失败的遭遇会削减个体的自我效能感；其次，通过增加相似者经验（相似者或替代者的经历指个体通过观察与自己能力水平接近者的过程），总结推断自己处于类似的工作情境时，可能得到大致相当的成就结果；最后，增加言语宣传说教，指外界的说服和支持，他人的教导、解释及鼓励等，来提升个体的自我效能感。个体对自身能力的认知和判断在很大程度上来自他人和社会的评价，令人信服的评价来自有威信、有社会地位、对个体比较重要的人。班杜拉发现“无条件的主动积极关注”一般会增加个体的自我效能感，然而外部指导者的言语鼓励与个体的实际水平有差距时，最初可能会增强个体的自我效能感，随着时间的推移，个体的自我效能感急剧降低，所以言语的说教不是自我效能的必要条件，自我和相似者的经历是自我效能的促进条件。

个体行为活动的成果具有社会属性，其价值的高低依赖于社会的标定或认可，社会在各特定时期对不同的个体行为都形成了相应的世俗、

历史的判定标准。精雕细琢、精益求精的制造行为，其本性有别于现如今“差不多”的社会流俗或思维定式，因而可能遭遇到种种负面的评价，创造个体可能经受暂时不被接受的失败挫折。在暂时失败的困难中追求精致、坚持“工匠精神”的个体，其创造的原动力来自他们强烈的自我效能感。因此，强烈的自我效能感不仅对个体具有适应价值，而且对社会流行耐心、执着、坚持的工匠精神具有动力学意义。

（二）工匠精神培育的有效途径

自我效能理论认为要用外部环境、社会行为、个性主体三者之间的共同作用来解释人的认知学习行为。与传统的行为主义对学习的认识不同，自我效能认为人除了直接学习外，有些社会行为是替代强化学习，即可以通过观察进行间接学习。依据研究结果可以推断，自我效能感应用于工匠精神的培育，就是从业者对自身拥有的技能和职业表现符合社会主流价值观“能工巧匠”或“工匠精神”的自信强度，体现出从业者有能力影响所处环境并且通过相应行为获得成功的信心。在面临更加动态、复杂的多变不确定性环境时，自我效能感是从业者开始练习直至获取成功的先决条件，也是影响个人职业可持续成长的最为显著的要素。自我效能感可以通过外部引导、实践训练和观察替代得以提升，从而有助于从业者有效克服外部环境给自己带来的技术制度与环境障碍及心理焦虑。自我效能理论认为社会环境、政府政策、自身和替代（能力相当者）实验者的交互作用能有效提高工匠精神的培育效果。

1. 营造尊技崇匠的社会氛围

自我效能理论认为社会环境因素对个人的成功影响程度较大，所以要培育工匠精神首先要构建尊重技能、崇尚工匠的社会环境。一方面，新闻传播媒体要多播放弘扬工匠精神的纪录片，发挥名匠的榜样示范作用，在潜移默化中营造对工匠（高级技术工人）的敬仰与尊敬的社会风气，个体会因自己所掌握的专业实践技能对社会的贡献度而为之自豪，为不断潜心钻研新知识、新技能而有高度成就感。社会对于工匠的高度肯定和工匠精神的核心价值观的构建，能够激发人们追求精湛技能的热情和兴趣。

2. 完善社会分配和法律制度

三度被写入《政府工作报告》、新时期被重新叫响的"工匠精神"，让"尊重劳动、尊重技能"的思潮被提到了前所未有的高度，但社会氛围的改变不是一朝一夕的事。大力培养工匠，不能仅仅停留在口头上，舆论导向和道德感染的长期作用是有限的。良好的社会环境的营造强烈依赖于工匠受社会尊重和自身物质文化需要得到满足之后的现身有效说法。工匠的社会地位和薪酬福利待遇的提高有待于当前激励机制、薪酬体系、人才评价模式的转变和完善。工匠精神的普及和认同建立在技术人才步入中等收入阶层、大国工匠进入高薪（甚至高于公务员薪酬）的基础上，当技能人才有了坚实的物质保障、无后顾之忧，潜心钻研于技术改造工作中，更多的大国工匠才会不断涌现。

工匠精神的维护和弘扬应该是德治与法治双管齐下，严刑峻法有时不失为一种有效的方式。当人们的道德意识没有达到相应的高度时，需要管理部门施展法律的力量，维护工匠们的社会地位和群体权益，用法律的刚性去打击假冒伪劣和粗制滥造的丑陋，让工匠们的精雕细琢大行其道。严刑峻法从制度层面保护工匠们在钻研技术或者创新管理过程中可取得的专利权和知识产权，有力保证工匠们心无旁骛地钻研、创新技术，让工匠们从自己的坚守打磨中，收获"社会地位"和"物质利益"的双重价值。在生产技术管理方面，国家要成立国家级标准化的权威组织，制定严格的行业生产标准和质量认证体系，规范标准化生产和技术，把对产品质量的追求放在生产的核心位置，从而在制度层面保障工匠精神的生存。

3. 优化职业教育的人才培养模式和理念

职业院校对学生思想上的工匠精神的培育，切忌泛泛而谈和教师满堂灌、学生被动习得的现成教学模式，应以学生认知接受能力为尺度，将匠心教育融入日常课程学习之中，让学生从国家、社会和个人不同层面理性认知、体会工匠精神对于振兴实体经济、修身齐家的现实意义。可以通过思想政治理论课与创业创新、就业指导类课程，结合具体的案例向学生传输正确的职业价值观念，合理规划自身的职业生涯；还可以开展工匠精神专题教育活动，通过组织学生观看相关陈列会、纪录片以及召开座谈会的形式，内化工匠精神为个人的职业理念和价值追求。工匠精神应当融入专业课程的实践教学中，专业课教师要在专业实训、顶岗实习过程中的每个细节中渗透工匠精神，使学生不断亲身体验、磨炼技艺、坚持专注，在实践中形成精益求精、精雕细琢的职业习惯。学生要自己动手从各种渠道收集技能岗位上楷模的事迹资料，结合自身专业，了解具体专业岗位应具备的职业技能素养及其成长轨迹，通过细节的教育，增加学生技能成才的自我效能，鼓励学生自觉、自信成为未来"工匠精神"身体力行的实践者。

工匠精神技能培养所涵盖的专业课程经常涉及多种行业，所以职业素养的培养和实践技能的创新是一个综合的教学体系。专业课程要根据行业和职业领域选择相关内容，这不仅有利于学生掌握职业技能，而且有利于他们钻研专业知识和锻炼实践能力。专业课程教学过程中教师或企业导师要以身作则，起到带头作用，为学生树立职业榜样，效仿工匠，做到先育人再教人。学生是知识获取的"亲历者"和"实践者"，不能仅仅是"旁观者"。教师要将工匠精神渗透于专业课程教学，融入每个细节中，弱化传统教学中过于宏观和笼统的问题，细化、强化实践动手环节，培养精致严谨的职业习惯。苛求细节的坚持能强化学生的工匠意识，在工匠理念的驱动下培育良好的职业行为和职业习惯。

4. 政府健全完善技能人才学历提升机制和保障政策

职业教育没有很好的学历上升空间，是其没有在我国社会主流价值观中被广泛认可的主要原因。普通高等教育有本科、硕士研究生、博士研究生学历等晋升渠道，但职业教育大专以上几乎没有学历上升的空间，所以政府层面要完善当前的实践技能型人才的学历上升评价体系。

5. 企业深度参与职业教育

企业是孕育工匠精神的摇篮。政府应该出台更加积极的政策，鼓励企业深度融入职业教育、培育工匠，给企业参与职业教育提供切实的福利。政府应该允许企业将参与职业教育培训所发生的费用支出、支付给实习学生相应的实习报酬进行所得税前抵扣甚至加成抵扣（类似当前研发费用的加成抵扣）；鼓励企业指派有经验的师傅带领学生参与岗位实践工作，潜移默化地影响学生。校企双方根据具体的职业岗位制定人才培养方案。企业应该充分保证学生的实习时间长度与实习的连续性，让学生系统地掌握和强化产业链知识与相关的实践技能。有了实践的长度和强度，学生才能感知工匠精神的魅力，同时不自觉地接受高技能人才工匠精神的熏陶。

经济、社会的发展需要大力弘扬工匠精神。我们要鼓励各行各业，重拾工匠精神，提升整个社会对职业教育的认可度，只有这样，工匠精神才能重现应有的光彩。

第三节　工匠精神视域下的“双师型”教师专业素质的培育模式

一、建立师德引领的“双师型”教师专业发展制度

为进一步提升教师的专业实践能力、改善师资队伍结构，建设一支专业基础知识扎实、具有较强技术应用能力的“双师型”教师队伍，学校修订了“双师型”教师管理办法。通过以下 8 种途径，进一步规范“双师型”教师的认定：①通过国家组织的专业技术职务考试或评审，取得与本专业实际工作相关的国家承认的中级及以上专业技术职务任职资格证书，如各相关专业工程师、工艺美术师、会计师、经济师等；②通过国家组织的各类职业或执业资格考试，取得与专业相关的中级及以上职业资格证（含持有行业特许的资格证书及具有专业资格或专业考评员资格者）或执业资格证书，如计算机软件设计师、网络工程师、信息系统管理工程师、多媒体应用设计师、律师、翻译等；③获得国家颁发的技师及以上等级的职业资格证；④参与企业合作办学，接受企业专门技术培训不少于 3 个月，取得合作企业颁发的培训师等相关资格证书，并获得学校认定；⑤近 5 年中有 2 年以上（可累计计算）在企业第

一线本专业实际工作经历，或经学校批准，脱产到企事业单位实践学习、挂职锻炼，或接受专门技术培训累计时间不少于2年，并能全面指导学生专业实践实训活动；⑥近5年主持（或主要参与）2项校内实践教学设施建设或提升技术水平的设计、安装工作，使用效果好；⑦近5年主持（或主要参与）过至少1项应用技术研究，成果已被企业使用，效益良好；⑧经学校批准，结合教学实践，指导学生到相关企事业单位、实训基地进行实习，并完成企业实践任务，近5年内累计时间不少于2年的。

为深入落实专业教师5年一周期的全员轮训制度，使得有3年以上企业工作经历或近5年累计有6个月以上企业实践经历的专业教师占比达80%以上，学校完善了专业教师企业实践管理办法。教师接受企业组织的技能培训，参加以企业实践为主的国家级、省级培训；以脱产形式到经学校认定的合作企业从事经营管理、专业实践，以承担横向课题形式到企业从事产品研发、技术创新及推广应用，了解企业的生产组织方式、工艺流程、产业发展趋势等基本情况，熟悉企业相关岗位职责、操作规范、技能要求、用人标准、管理制度、企业文化等，学习所教专业在生产实践中应用的新知识、新技术、新工艺、新材料、新设备、新标准等；参与企业经营管理、产品研发等工作，为企业提供各种技术服务；进一步拓宽教师培养途径，提高教师的专业技能和实践教学水平，加强学校“双师型”师资队伍建设，完善政府、行业、学校、企业协同育人长效机制。

为弘扬工匠精神，加快学校高技能人才队伍建设，增强学校创新能力和服务社会能力，学校制定了技能大师工作室遴选及管理办法。技能大师工作室以专业或专业群为依托，以带徒传技、技术攻关、技术创新、技术推广、技艺传承等为目的，传承、创新、推广技术革新成果和绝技绝活。通过遴选校内外在某一行业（领域）技能拔尖、技艺精湛并具有较强创新创造能力和社会影响力、在带徒传技等方面经验丰富的优秀高技能人才，培养一批能改进企业产品工艺、解决生产技术难题的骨干教师和具有绝技绝艺的技术技能大师，指导学生参加技术技能、创新创业等大赛；参与产教融合平台、校内外实训基地建设，指导实训课程和教学资源库开发；积极开展科技创新和技术攻关，解决生产技术难题，挖掘传统工艺，进行传承和创新；总结、推广创新成果、绝技绝活、具有特色的工艺方法或生产操作方法，推动学校、行业、企业技能人才队伍建设；积极承担或参与行业性、区域性技术培训，逐渐形成品牌效应。

为加强学校专业群建设，搭建校企合作平台，深化产教融合，开展技术交流及补充高层次师资力量，学校制定了产业教授管理办法。产业教授通常为校企深度合作企业的技术专家、技能大师、行业精英、非物质文化遗产传承人等专业技能型人才，通过参与专业教研活动，协助二级学院做好专业规划与调研工作，参与制定人才培养方案，参与学校教学科研团队、教学资源库、教材建设。面向师生开设专业文化、科技发展、职业理念、管理技巧等方面的讲座，以导师身份指导青年教师或学生开展生产实践、技能竞赛、社会服务、科技创新等活动，推动所在单位与学校联合开展项目研究和科研攻关，联合申报各级各类科研项目，转化高科技创新成果，推动所在单位为教师或学生提供企业实践、毕业实习等平台，推进与学校共建产教融合平台，实施现代学徒制、创新创业教育等产教融合人才培养项目，更好地促进教育链、人才链与产业链、创新链有机衔接，推进学校产教融合人才培养改革和“双师型”师资队伍建设。

为实现校企文化融合，优化“双师结构”专业教学团队，不断提升专业教师的“双师素质”和兼职教师的教学能力，学校修订了混编师资团队管理办法。依托学校和企业合作项目、共建的实体、产教融合集成平台，由专业教师与企业工程师共组混编团队，团队成员以合作项目或共建实体的效益为纽带，共同承担项目任务或实体业务，同时参与相关专业的教学建设和教学实施，形成紧密型的“双师”结构群体，按同一标准实施企业化管理和考核，通过优化专任教师进入混编团队的轮训机制，提供市场化服务，倒逼专任教师的技术技能“保鲜”，保持与企业工程师的同步提升。通过优化团队中企业工程师参与教育教学的相关机制，保持其参与教学的深度和稳定性，在合作项目、实体业务运营中，实现人员互通、资源共享、利益双赢。混编师资团队模式对学校专业教师实践能力的提升和更新、企业工程师直接参与课程教学、兼职教师的稳定性、专兼职教师的文化融合等方面起到了实质性的促进作用，能有效提升学校双师结构专业教学团队建设的整体水平和层次。

为提升学校国际影响力，加快具有国际视野、国际交流能力、国际竞争力的高水平师资队伍建设，学校制定了教师出境研修管理办法。通过选派高层次高技能人才、专业带头人、学术骨干、科技或教学团队负责人及从事新一代信息技术、人工智能、高端装备制造、新能源汽车、节能环保、数字创意等战略性新兴产业的骨干教师赴境外研修，了解和把握本专业领域最新发展和前沿动态，吸收境外高等教育优秀成果与经验，提高跨文化交流能力和外语水平。外派教师以课程学习或项目研究为导向，系统学习选定课程和教学方法，积极参与课程教学相关环节，提高自身教学水平；利用境外学术资源，为已（拟）承担的教学科研项目做好资料收集等工作；积极引进境外高校先进课程标准和国际通用职业资格证书，学习其先进的教学管理和学生管理经验；返校后结合本人研究方向，制订教科研发展计划，并根据专业群建设需要开设双语课程。

为提升职业素质和业务水平，进一步规范教师培训进修管理工作，以适应中国特色高水平高职院校建设需要，学校修订了教职工培训进修管理办法。通过选派与从事的岗位、专业和研究方向一致，或符合专业群建设、教师梯队建设和工作岗位要求的教师，参加博士学位进修、国家级培训和省级培训、境外研修、国内访学、双师双语能力培训、职业（技能）培训、企业实践和各类业务培训，有效提升教师教学科研水平、双师双语能力、学历层次和管理能力。

二、完善“双师型”教师职前职中培养过程

（一）完善“双师型”教师职前培养

目前“双师型”教师职前培养存在明显的唯学历倾向、职业技术师范学院培养模式学术化倾向、职业技术师范教育去师范化倾向、校企合作缺乏有效机制、入职培训内容单调等问题。为加强学校师资队伍建设，针对“双师型”教师职前培养缺位，学校近年来重点招聘具有3年以上企业工作经历的技术人才；通过构建符合教师全职业周期发展需求的全方位培养培训服务体系，为教师职业拓展提供高效优质的个性化服务；通过构建分类培养、分层推进的教师培养机制，按照专业成长“135”培养步骤，搭建青年专业教师1年入门、3年熟练、5年成为“双师型”教师的成长阶梯，以促进新教师向专家型教师的顺利转型。此外，学校安排新教师到实训中心“熟悉仪器”，动手掌握实践技能，参加校内“实践教学设施”建设或“实训室设备的设计与安装”工作，从入职第二学期开始承担学生实训指导任务。学校多措并举，进一步完善“双师型”教师职前培养体系，促进“双师型”教师尽快成长。

（二）实施“技能名师”培养计划

学校修订跨界型、高水平“双师型”素质教师标准，健全“双师型”素质提升机制，制定高水平兼职教师遴选管理办法，建立以“双师型”素质、实践教学能力、应用技术研发能力、服务地方经济能力为导向的职称评审体系，将企业实践、专利申报和横向课题研究等作为专任教师职称评审的重要依据。依托行业优势，开展技术比武或技能教学比赛，将专任教师在比赛中所获奖项及在产教融合平台等取得的实践成果、研究成果、经济效益进行转化，作为专任教师“双师型”素质业绩评价标准，建立一支专业水平高、技能精湛、业绩突出的“技能名师”队伍，融合提升“双师型”教师的技能水平。

三、制定“双师型”教师生涯发展规划

（一）规划自己专业知识更新的长效机制

根据教师专业发展阶段理论，入职后的前几年，在适应了新教师身份后，随着教学经验增加，教师对教材内容越来越熟悉，教学技巧和课堂管理能力都有显著提升，但教学5～6年后，随着知识和教学方式的固化，教学水平会停滞或下降，有的教师会产生职业倦怠。克服职业倦怠的唯一方式即吸收新知识，边工作边接受教育，不断相互回归。这种周期性的循环，可使教师不断更新知识，更新教学方法，使教师的知识成为有源头的活水。

（二）补充最新的科研成果和教学方法

教师主动学习国家层面组织开展的关于高职教育学的前沿专项研究成果，追踪针对高职院校“双师型”教师培养与培训相关的课程和内容，及时补充针对自己所教授专业及其相关职业领域的专业教学论、教学法，以确保不仅具备通用教学论和教育心理学知识，还能掌握不同于普通教育的高职教育教学论、教学法。在教育知识学习形式方面，教师可参加国家级和省级职教师资培养培训基地的课程更新培训，也可参加职业技术师范大学组织的相关培训。

（三）规划社会服务能力

社会服务是高职院校内涵建设的核心和外延发展的根本。“双师型”教师是社会服务能力的关键能力要素。“双师型”教师在日常教育教学工作之余，在学校场域之外的科技成果推广、企业技术研发、生产实践指导等方面，应认真规划提升自己的社会服务能力。例如：为企业、社会人员进行理论培训、咨询和技术指导；和企业技术人员共建创新团队，成立企业技术中心、工程中心，为企业聚集信息、技术，使企业紧跟国内外先进技术发展；充分认识到社会服务能力和教育教学能力相辅相成，发挥自己专业实践创新能力，带领新教师和学生组建创新团队，

既服务社会又服务教育教学。

四、构建“双师型”教师学习型教学科研共同体

“双师型”教师要与其他任课教师、教师团体、专业教学团队、行业企业单位、社区和家庭等不同层面、不同类型的机构和主体建立不同深度的合作关系。这种多维立体的合作关系使“双师型”教师不再是单一的教育者，而是学习型教学科研共同体中的一员。这个共同体能大大促进“双师型”教师自己的专业教学科研实践。学习型教学科研共同体可提升“双师型”教师工作满意度。在这个共同体中，“双师型”教师一起工作，互相学习，彼此分享经验，教师参与其中的程度越高，学习水平提升越快，与其他教师的关系更融洽，更能提升自己的教学科研水平，也更能在集体智慧中体验到满足感。此外，学习教学科研共同体还能增进“双师型”教师对共同体的强烈融入意识，因为共同体中的“双师型”教师有共同的目标，可以对自己的教学科研现状进行反思提出问题，寻求新的教学科研方法。对于从行业企业聘请的兼职教师来说，学习型教学科研共同体即是成功的导师，能促进“双师型”教师间更紧密、有效地合作，又能鼓励“双师型”教师分享教科研方法，增加信任，共同促进参与能力的形成。

学校通过研究制定教师发展工作管理办法，汇聚校内相关资源，构建覆盖“双师型”教师全职业周期的培养培训服务体系，为“双师型”教师职业发展提供高效优质的个性化服务。建设线上线下相结合的“双师型”教师发展服务工作体系，建成用好网上教师发展中心，实时汇聚教师成长轨迹，构建“分层分类、精准对接”的“双师型”教师培养机制。开展教育教学能力提升“菜单式”服务，举办教育教学理念、优秀教学案例、教学方法创新、教材建设、课程思政等主题的培训研讨活动，开展专家咨询、教授讲坛、博士沙龙等教师发展服务项目，使教师发展中心成为教师职业能力提升的“加油站”。

五、提升“双师型”教师的反思能力

“双师型”教师专业素质提升一定要珍视教师原有的经历、经验、体验、反省，要在教师原有的经验及反省基础上进行反思和实践，实现实践知识、操作智能的重新建构，所以“经验＋反思”是“双师型”教师专业素质提升的最有效途径。“双师型”教师只有不断研究新问题、探究新情况、适应新环境，不断反思自己的实践经验、教育教学行为，才能促进自己提升知识水平、沉淀经历、增加经验、提升能力及提升专业服务水平。先进的高职教育理论也只有在教师个体与其自身具体职业实践情境和工作经验反思结合起来的条件下，才能得到有效运用。

“反思型”教师应树立终身学习理念，深刻反思反省高职教育内容和教学方法，倡导与时俱进的反思型、学者型、创作型教师时代形象，凸显“智慧”特征。通过自我批判、不断学习、深入研究，传递给学生的不仅仅是知识和技能，更重要的是培养学生的学习本领、创新精神和实践能力，培养、发展学生的创造性、适应性和自主性。

第五章 “双师型”教师团队建设策略及路径

第一节 树立正确的“双师型”教师团队建设理念

一、树立团队管理理念

团队管理理论是在团队管理的过程中所形成的一种思想认识，“双师型”教学团队的管理是参考人力资源中的团队管理理论来进行的，所以在进行“双师型”教学团队的管理时，要树立团队管理的理念，根据高职院校的自身特点，借鉴其他团队的管理经验，从思想上提高团队的认识，把团队管理理念与团队的建设结合起来，形成有效管理。

人力资源管理起源于20世纪60年代初。当时的美国著名经济学家舒尔茨教授首次提出了“人力资源”学说。20世纪60年代后，将人看作人力资本的人力资源管理代替将人作为事物对待的人事管理已成为一个显著趋势。人力资源管理是以行动、个人、全球及未来为导向，其职能所涉及的已远远不只简单的档案管理、管家和记录工作。实施人力资源管理是实现师资队伍良性发展的重要管理手段。通过实施人力资源管理，可逐步弥补之前人事管理带来的重引进、轻培养，教师培训开发不够及时、周全，科研成果重数量、轻质量，缺乏科学规范的教师业绩考核制度等缺陷，还可以建立有效的教师激励制度，改变之前重物质、轻精神的管理模式。实施大学教师人力资源管理，是师资队伍建设在管理理念、方式、策略、规范化以及管理切入点上的一次重大改革。它可以带来教师甄选方式的多元化和弹性化，建立起动态的目标管理和绩效评估体系，是教育管理现代化的必由之路。在高职院校实施人力资源管理可以改变民办院校师资队伍不稳定的现状，但必须从民办教育的历史背景出发，结合当前的发展趋势取长补短，详细考察教师流动的原因，从学校管理层做起，彻底改革学校的人事管理制度，真正引入并实施人力资源管理，才能从根本上解决教师流失问题，建立一支高素质的教师队伍。这也是高职院校能在市场竞争中实现可持续发展的关键一步。相反，若只是就眼前问题，就事论事地提出一两项改革措施，以解燃眉之急，是治标不治本的办法。

在人力资源管理中，员工激励是保障管理有效进行并达到目标的必要手段。激励，可以被定义为一个心理过程，这一过程调动并引导人们做出目标导向的行为。简单来说，人的某些需求，可通过奖励来满足。奖励分为两种：①外在奖励，主要指物质奖励。②内在奖励，主要指精神鼓励、成就感和满足感。外在激励主要体现在物质上，是组织直接以物质为奖励与惩罚的结果，多通过规章制度、各类条例、考核评价、奖惩措施等手段实施，有较高的强制性。相比而言，内在激励则更强调精神鼓励，更重视给予员工成就感和满足感。但其奖惩的最终形式还是通过物质来体现。内在激励的最终目的是通过不断在物质和精神上同时给予激励，天长日久，影响员工内心心理，增强员工归属感。两种形式的激励，从发挥作用的时间上来看，外在激励较内在激励发挥作用更快，甚至会产生立竿见影的作用；从发挥作用的持续影响来看，内在激励能够通过较长时间的积淀，影响员工内心，一旦发生作用，则持续时间较长。且从人的需求心理来分析，人在得到了最低生存保障后，精神需求将逐渐占据更为重要的需求地位。

20世纪40年代，心理学教授马斯洛提出了需要层次理论。他将人的需求由低到高进行排列，依次为：生理的需要，安全的需要，社交的需要，尊重的需要，自我实现的需要。①生理需要：这是人类生存最基本的需要，其中涉及食物、衣服、住所以及舒适和自我保护。②安全需要：包括人身安全和情感安全。人们希望免受暴力和威胁。③社交需要：一旦最基本生理需要和安全需要得到满足，人们便开始寻求社会生活，追求爱情、友情和情感。④尊重需要：当社会需求得到满足后，人们便开始关注诸如自尊心、地位、荣誉、赏识和自信等方面的需求。⑤自我实现需要：需要的最高层次。自我实现就是自我满足，充分发挥自己的潜能，成就自我。马斯洛指出从最基本需要到最高层次需要，每一层需要不是完全得到满足才能进入上一层需求，而是在一层需求得到一定程度满足后，即会寻求更高一层需求，而每一层需求在任何时候都不会完全得到满足，互为因果，会随着环境、时间等的改变发生相应变化。

弗雷德里克·赫茨伯格提出的双因素理论认为，人对工作的满意与不满意由两种不同因素引起——激励及保健。保健因素也就是较低层次的需求，如薪水、工作条件、人际关系等；激励因素即较高层次需要，更偏向于精神层面的满足，比如成就、认可、责任和进步。弗雷德里克·赫茨伯格认为，管理者首先应该消除不满意因素，确保工作条件、薪酬和管理制度都是合理的。在此基础上，再给员工创造一些发挥个人特长的机会，使员工获取成绩，享有成就感，实现自我成长，以此来激励员工。

美国心理学家奥尔德弗提出的“生存—关系—成长”理论，简称ERG理论。ERG理论与马斯洛的需要层次理论的内容相似，只是在层次划分上有所区别。除此之外，ERG理论还提出了“愿望加强”律、“满足前进”律和“受挫回归”律来分别阐释各需求层次本身所包含的变化规律和层与层之间的转变规律。

美国心理学家弗鲁姆提出的期望理论又称作“效价—手段—期望”理论。该理论可用公式表达为：激励力量＝期望值×效价。期望值是根据个人的经验判断达到目标的把握程度；效价则是所能达到的目标对满足个人需要的价值。即公式表明个人的积极性被调动的大小取决于期望值与效价的乘积。使用期望理论来进行人力资源开发和教师的管理应注意以下几个问题：建立一个适合的目标，以帮助教师调整目标和期望；

为帮助教师完成目标，要提供合适的工作环境和有利的工作条件；加强工作绩效管理，支付相应报酬清楚地反映了工作与绩效之间的关系，应明确奖金额度与发放办法；正确认识奖励报酬在教师心目中的效价：由于年龄、性别、社会地位、环境、自身修养追求各不相同，即便在一个职业相同、工作性质相似的群体中，个人对活动目标与价值的认识也是不同的。同一种报酬，对不同的人引起的作用是不一样的，所体验到的效价也是不同的。有的人重视奖金，有的人重视名誉。因此，要将期望和效价两相结合，设定目标，将奖金与福利和教师个人的期望“需要”融合在一起。

美国心理学家亚当斯提出的公平理论指出，组织成员的工作积极性不仅受报酬绝对值的影响，更受报酬相对值的影响。这里的相对值，是用自己的收入与投入的比率作为指标进行比较的。其比较来自两大类：一类是纵向比较，即用自己现在的与自己过去的进行比较。这里又分为组织内自我比较与组织外自我比较。组织内是指在同一组织内对自己的工作与待遇进行比较；组织外是指自己在不同组织中前后工作与待遇进行比较。二是横向比较，即把自己的工作及报酬与同一时期其他人的工作报酬进行比较。这也分为组织内他比和组织外他比。前者指与本组织内其他人的工作及报酬进行比较；后者指与其他组织内的人进行比较。如果比较的结果大致相同，心里就会有公平感；如果存在差异，就有不公平的感觉。两种不同的影响；如果员工觉得公平，则将努力保持原来的承诺和热情；如果觉得不公平，就会产生压力，导致许多员工需要找到方法来对待这种不公平，以期达到自己理想的公平与合理，如发牢骚，改变对工作投入的精力，自动降低工作积极性，降低工作质量，对组织提出加薪要求，甚至跳槽等。当然，员工或会因为其他原因，也可能会自动改变参照系，改变比较对象与标准，通过自我调整，来达到新的平衡。

对高职院校的教师施行一定的激励是必要的。但在实施激励措施之前，应注意到，教师是一个特别的群体。这样一个群体，对其所从事的工作，除了为获得最低生活需求外，更多的是一种精神追求。因此，针对这样一个群体，除了应给予足够的物质报酬外，更应该注重对其精神上的尊重与鼓励，使教师对正在从事的工作充满激情，对未来工作乃至职业生涯发展充满期待，师资队伍建设工作也就能自然而然地得到推进了。

二、树立"以人为本"的教育理念

"以人为本"是21世纪以来人们提倡的重要管理理念，其理论来源是人本主义教育理论，主张在教育的过程中，把人放在首位，根据人本身的特性及差异，针对性地因材施教，充分挖掘人的潜力。在"双师型"教学团队的建设中，不管是对教师的教育还是对学生的管理，都要树立"以人为本"的教育理念。在教育培养中，要考虑教师的情况，推动教师发挥自己的潜力。在教学的过程中，要以学生的发展为重，挖掘学生的潜力，提高学生的综合水平。

综观古今中外传统的以人为本思想，可以发现：在其重视人、推崇人、研究人、挖掘人的可贵传统的同时，存在着一些明显的不足和局限性，从而导致其思想只能在一定历史时期针对一定的群体发挥一定程度的积极作用。马克思主义"以人民为本"思想对传统的以人为本思想是一种实质性的超越和革新，从而提升了以人为本理论的高度，扩大了它的适用范围，增强了它的指导意义。这种超越主要表现在：第一，强调人的社会性本质。人是作为类与个体而存在的，体现在人性上有普遍人性与具体人性。传统哲学家由于他们在社会历史观上的唯心主义认识论局限和阶级性局限，一般都只是强调普遍人性、一般人性，将人从社会关系中剥离开来，单独去考察"纯粹"的人，认为只有这样才能揭示出人自身的真正本质。马克思主义"以人民为本"思想与此不同。认为现实的人、具体的人，是处在一种社会关系中的人，这是人在区别于其他动物基础上人与人相区别的最本质的方面。人是自然存在物、社会存在物和精神存在物的统一体。作为现实的人、具体的人，我们必须从其所处的经济关系、政治关系、阶级关系、伦理关系、血缘关系、思想关系等各种社会关系中加以综合考察，才能揭示出人之为人的普遍本质。要解开“社会的现实的人”这个谜，就必须紧紧掌握“社会关系总和”这把钥匙，这是理解人及其本质的唯一正确的方法。马克思主义“以人民为本”思想不仅对人的本质给予了科学规定，而且揭示了研究人的本质的科学方法。这是一条全新的研究人的本质的思路，超越了传统以人为本思想。第二，实践性是人的基本存在方式。传统以人为本思想所考察的人完全是抽象的人，只是作为生物个体的人，完全忽略了人生活于其中的现实世界和社会联系，它把“人”当作一种僵死的概念。马克思主义“以人民为本”思想考察现实的从事实际活动的人，考察制约着人的现实的、历史的和社会性的条件。如前所述，马克思主义“以人民为本”思想的出发点是“现实的人”，因此，马克思主义认为，正是人类实践的深入在不断推动着人类社会的进步和科学的发展，人类才能不断地克服认识和改造自然与社会的盲目性，逐步地从必然性的束缚下解放出来，为人的自由与个性的发展创造充分条件，使人类从必然王国向自由王国飞跃。第三，人的发展问题。传统以人为本思想在探讨人的发展问题时，没能够揭示人的全面发展的真正的科学含义和人的全面发展的规律。马克思主义“以人民为本”思想则以唯物史观为理论基础，以现实的从事实际活动的人为出发点，科学界定人的本质，从而科学地阐明了人的全面而自由发展的含义及其规律，确立起马克思主义关于人的发展观。马克思主义认为，人的全面而自由发展是指人的全面发展和人的自由发展；人的全面发展是指人的本质的全面丰富和展示，是人对自身本质的全面占有，就是人的自由自觉的活动、活动能力以及社会关系发展的全面性和普遍性；人的自由发展是指联合起来的个人共同控制和支配他们的社会关系，共同驾驭外部世界对个人能力的实际发展所起的推动作用，从而使人得到自觉、自愿、自主的发展。

以人为本即以人为核心与根本，以促进人的全面发展为最终目的，是统一客体的自然属性和社会属性。高职院校的学生管理落实以人为本就要求学校更好地为学生服务，需要做到：①更加了解学生的性格特点，以便满足学生在学习和生活中的各种需求；②更多地关心、理解和引导学生；③确定学生主体地位，更好地自我管理；④换位思考，成为学生的良师益友；⑤解决学生学习生活遇到的困难，引导学生在解决问题过程中得到能力的发展和锻炼。以人为本的学生管理模式更多“以学生为中心”，重视学生感受，给学生自治机会，以便更好激发其自我管理能力，降低教师管理难度，提升管理水平。学生管理活动，需要采用人本主义，人性化培养学生整体素质，通过参与式管理发现学生诉求，培养学生自治，在实践中培养学生找到问题、分析根本原因、提出解决方案的能力，最终达到提升学生综合素质的目的。以人为本的管理制度改革和创新推动了高职学生管理思维模式的发展，管理制度由“单向性”的学校制定，向学生参与的“双向性”转变，学生管理者的思维也从权力思维向服务思维转型。

三、树立现代教育理论

教育是一个大系统，除了学校教育外，还有社会教育、家庭教育、自我教育。教育不仅是青少年、儿童的事，而且是每个人从生到死持续不断的过程。

现代教学观强调教与学的辩证统一，教学是师生之间交流信息的互动过程。教学不仅在于传授知识，它应使学生在认知、感情、动作技能三个方面都得到发展；教学应从传统的教学观改变为发展观，教学不能停留在封闭传授知识技能上，而是强调在知识技能的基础上开发学生智力，强调开放式教学。只有使教师的主导作用和学生的主体作用都得到发挥，才能取得教学的成功。

学生既是教学的对象，又是学习活动的主体。在教学过程中，学生是主体和客体的统一。相对教师来说，他是客体；作为受教育者，他应按照教师的要求去学习知识、发展能力、培养品德、锻炼身体；从掌握知识来说，学生是主体，是学习的主人，应充分发挥自己的能动作用。

现代学校观打破了以往单一的、面对面的集体授课方式，而发展为个别化教学、小组交互学习和集体交互学习等各种教学组织形式的合理选择与结合使用。现代社会所需的人才是创造型、复合型的人才，不是模仿型、单一型的人才。这种人才的基本特征是：既全面发展，又有个性特长。传统的教育思想不能符合社会发展的要求，现代的教育思想要求教育彻底改变“学校即教育”的狭隘教育观，强调学习社会化，社会化学习的大教育观。应在现代教育教学思想的指导下，开发出满足现代教育思想要求的校园网教学资源，进而培养出符合现代信息社会要求的创造型、复合型人才，以满足信息社会的要求。

在现代教育理论中，行为主义学习理论，尤其是斯金纳的强化学说所提供的软件设计原则、交互环节和模式对计算机辅助教学的发展有着重要的贡献，对练习型、操作型和游戏型软件的设计具有较高的理论指导意义。然而，行为主义是在动物行为变化的基础上来解释人的学习，仅仅揭示了人类学习过程中的生理机制，而忽视了人类学习的心理机制研究，远远不能揭示人类学习的复杂性和多面性。所以它在指导教学和软件设计方面存在着局限性。

认知学习理论认为学习的产生是与环境相互作用的结果，而不是环境引起的行为反应。在教育软件设计中，人们开始注意学习者的内部心理过程，强调学习者的心理特征与认知规律，不再把学习看作是学习者对外部刺激被动地做出的适应性反应，而是把学习看作是学习者根据自己的态度、需要、兴趣、爱好，利用自己的原有认知结构，对当前外部刺激所提供的信息主动做出的有选择的信息加工过程。认知理论提出的软件设计原则，对处理认知学习内容，尤其是概念和命题的学习给予了极大帮助。

建构主义学习理论是认知学习理论的一个分支。建构主义学习理论的基本观点认为，知识不是通过教师传授得到，而是学习者在一定的情境即社会文化背景下，借助其他人（包括教师和学习伙伴）的帮助，利用必要的学习资料，通过意义建构的方式而获得。由于个体的认知发展与学习过程密切相关，因此利用建构主义可以比较好地说明人类学习过程的认知规律。

从行为主义到建构主义经历了学习理论发展的若干阶段。当然这并不意味着学习理论的发展完全是以后者替代前者。在各类教学实践中，无论哪一种学习理论都有一定的指导意义。对于基于校园网的网络资源建设，其目的是为教师和学生提供教与学的平台环境和资源，它既要让教师实现对学生的指导和管理，又要能够为学生的意义建构提供自主的或协作的环境，所以校园网教学资源建设主要应当以强调学习者内部认知发展的认知主义和建构主义理论为指导。

高等职业教育是高等教育的重要组成部分，经过几十年的发展，逐步形成现代办学理念、教学理念。但在实际的教学中，教师不能只依靠个人，而是要学会合作，发挥集体的优势。特别是非常注重实践性的职业教育，没有一项任务是可以由个别教师独立完成的，都需要集体的合作与协调才能够取得效果。比如，在教学团队中教师通过合作、交流，为共同的目标努力，肯定会取得比个人单独教学更为理想的效果。“双师型”教学团队就是为了实现这一目标而提出的团队建设理论，是新时期职业教育质量提高的根本保证。

第二节 “双师型”教师团队建设的策略

一、完善“双师型”教师团队的运作模式，提高教师素质

随着高职教育改革的不断深入，高职院校面临着一系列的新问题，现有的一些成绩还不能解决学院存在的一些缺陷，如何使学院的教学更适应时代的发展，促进“双师型”教学团队建设，还需要进一步探索。以团队建设与管理理论加强“双师型”教学团队的高效运转：在原有“双师型”运作模式的基础上，运用团队建设与管理理论对“双师型”

教学团队进行加强与创新。比如：在团队建设中渗透团队精神与企业文化、激励理论、柔性管理理论，使“双师型”团队具有文化内涵，促进团队高效运转，在教学中发挥巨大的作用；完善“双师型”教学团队“产学研”结构，通过校企合作、工学结合的方式，进一步完善“双师型”教学团队专兼结合、产学研结合的结构。校企合作、工学结合是高职院校为适应企业、行业的用人需求而推出的新的人才培养模式，职业学院要通过一系列的措施来保证“双师型”教学团队结构的科学化、合理化。

第一，制定教师到企业进行锻炼的制度。职业学院在人才培养的同时，有计划地把教师安排到企业中挂职锻炼，让教师熟悉企业生产与管理流程，提高他们的专业实践能力，积累企业实践经验，把握行业最新的发展动态，全面提高教师的实践素质。第二，对团队内的骨干教师进行“双师”素质的培训。对于参与培训的教师来说，通过在基地理论与实践相结合的学习，获得了素质与能力提升。第三，引入高技能人才。职业学院通过提高外聘教师的待遇、营造良好的教学环境等措施吸引一批高素质技术人才参与到“双师型”教学团队当中。未来还要继续优化技能人才聘用模式，把行业中高水平、高技能的人才引入教师团队中来，这些人有较扎实的专业技术能力，又有丰富的实践经验，他们成为“双师型”教学团队中的一员后，可以进一步提高“双师型”教学团队的实践水平，弥补专业教师存在的不足。第四，与企业实行共享，聘请企业、行业专家参与到“双师型”教学团队当中，实现“产学研”的结合。企业专家、科研机构的人员对行业非常了解，对新工艺、实践程序有较强的实践经验，因此高职院校可以通过建立校企“互通、互融、共建、共管”的长效机制，聘用一批来自企业的技术专家到学院充实到团队当中，逐步实现专业技能核心课程为主的授课机制，兼职教师的数量与专业教师的数量比例应该达到1∶1，通过学校、企业和科研机构的合作与交流，形成三者紧密合作的关系，促进多方的共赢，打造一支稳定的“双师型”教师队伍。

二、培养专业带头人，提高“双师型”教师团队建设的质量

高水平的团队必须有领军人物，“双师型”教学团队要培养自己的学科带头人，在这些学科带头人的带领下，使“双师型”教学团队的质量得到不断提高。“双师型”教师不但要有较强的专业素质和企业实践经验，还要有一定的科研能力和管理能力。学校要选拔一批理论知识扎实、科研能力强、教学经验丰富的骨干教师进行重点培养，通过到企业培训、锻炼，掌握最新的行业技术与工艺，并在教学与实践中不断积累各方面的经验，使其成为一名合格的专业带头人。同时，学校方面一定要营造一个良好的成长环境，加强校企合作、工学结合、工教结合，完善“产学研”结合的培养模式，让更多的骨干教师到企业进行实践锻炼，提高双师素质。

三、完善“双师型”教师团队管理制度

完善教学团队中的教师评聘制度。“双师型”教学团队的评聘要有一定的制度作为保证，这样才会使团队建设更加规范化。第一，要完善教师的准入制度。为了打造高素质的“双师型”教师团队，引入高素质的人才是必不可少的措施。但是，企业、行业高素质的人才一般却缺少教学经验，不一定适应教学工作。由此，应该探索符合高职院校教育特点的教师准入制度，完善高职院校教师的准入制度。比如，引进人才除考察学历、职称的要求外，增加企业工作经历或教育教学经历等，并通过实践考核环节，全方位地考核人才，确定是否符合“双师型”教学团队的要求。因此，高职院校需要一套严格的人才引入方案，除了要热爱高职教育、学历合格之外，还要有行业、企业一线的工作经验。而在人才引入之后，还要提高高技能人才的待遇，与专业教师一样，享受生活、科研上的补贴，使他们能够安心工作。第二，进一步完善骨干教师的选拔与培养制度。“双师型”骨干教师是教学团队的中坚力量，是教

学团队的核心。“双师型”骨干教师的素质与水平反映出一个团队的素质与水平，因此，应该完善“双师型”骨干教师的选拔制度，让更多的年轻、有较强实践经验的人才进入到“双师型”骨干教师队伍当中来。在“双师型”教师的培养方面，要选拔一批有潜力的教师到国内外一流高职院校进行进修与学习、访学、学术交流等，开阔他们的视野，通过加强与考核青年教师的教学改革和科研工作，提高他们的综合素质；还可以以老教师带新教师的方法，提高新教师的业务能力、专业水平和综合素质，促进“双师型”团队的综合能力的提高。

完善“双师型”教学团队的激励机制。激励机制在“双师型”教学团队的建设中具有重要作用，要通过创造良好的生活条件和工作环境来提高“双师”素质教师的经济待遇与地位，想方设法留住人才。第一，完善分配机制。实行“按岗定薪、以绩定酬、优绩优酬”的人才方案，打破传统的按资格取酬的方式，让有能力、高水平的人才能够获得与其劳动相符的薪酬。同时，要把“双师型”教师与普通教师区分开来，和岗位、工作量、贡献度挂钩，实行更为科学合理的薪酬方案。从目前高职院校的管理实践来看，一些院校的“双师型”教师并没有特别的待遇，这也就影响了“双师型”教师的工作热情，必须对政策进行调整，改变这种不合理的现象，真正做到“按劳分配”“按贡献分配”。第二，院校的其他政策也要向“双师型”教师倾斜。高职院校一定要摒弃平均主义的思想，在经费、福利、政策方面都要向“双师型”教师倾斜，让优秀的人才脱颖而出，做到一流人才一流业绩、一流待遇，从分配制度上激发“双师”素质教师的积极性。比如：增加教师的科研机会，鼓励教师积极参与科研活动，提高科研能力。对于“双师型”教师，其科研分值要高于非“双师型”教师，提高他们参与科研活动的动力，最终提高团队整体的科研水平。

完善“双师型”教学团队的考核评价制度。在“双师型”教学团队的建设中，要完善“双师型”素质教师的绩效考核办法，完善和调整不同类别、不同层次教师的考核指标、权重，力求更为客观、科学地反映教师的工作业绩，对考核不合格的人员要淘汰出团队。第一，制定合理的“双师型”教学团队建设绩效考核指标权重。目前，多数高职院校都采取多项指标综合考评的方式，对教师的业绩进行衡量，如工作态度、专业调研、学生工作、科研工作、学习进修、技术服务、企业贡献等，根据各项的重要程度赋予一定的权重。但随着社会的发展和职业教育方向的变化，这些权重应该动态化，不断进行调整，使其更为客观公平地反映高职院校“双师型”教师团队建设的需求。比如在当前情况下，培训、实践等工作就要赋予更高的权重，以此来带动教师不断提高工作积极性。第二，设计合理的“双师型”教学团队建设的薪酬分配。在多数高职院校中，教师的薪酬一般分为固定工资、课节费、岗位津贴等。固定工资是国家按照教师职称、教龄等发放的项目；课时费是根据教师上课的数量、职称进行计算；岗位津贴则根据教师的岗位性质进行发放。岗位津贴是院校有权进行调整的一项，也是能够体现院校分配思想的一项。第三，提倡多元化的教学评价。除了通过多种考核方案对教师的业绩进行考核之外，更要重视教师素质在考核中的重要地位，以培养学生的质量来衡量教师素质具有很强的科学性。学院可以通过学生评价、教师自评、教师互评等一系列的考评方式，并对这些方式进行细化，合理分配各指标的权重，更全面地评价教师的教学能力和教学效果。

四、促进“双师型”教师团队的战斗力和凝聚力

教学团队日常所承担的各类教学、科研任务，必须依靠团队的力量才能完成。所以团队的成员必须团结合作，充分发挥各人的特长，取长补短，相互合作。因此，促进“双师型”教学团队的战斗力和凝聚力，打造高效的教学团队非常重要。而高效团队的形成是一个长期的过程，需要包括学校的校风、学校的学风、教师的价值观、学校规章制度等多个方面的密切配合。为了进一步促进“双师型”教学团队的整体发展，高职院校应该根据自己的特色、特点与优势，从精神方面、文化方面、制度方面进行全面的提高，并借鉴企业品牌建设的相关经验，学习和借

鉴先进的人才培养模式、先进的实训基地，建立自己的团队品牌。首先，应该为每位团队成员设置远景规划，让教师们意识到团队建设是为自己的未来着想，学院为其创造了良好的条件，本人应该主动地融入团队，增加对团队的认同感。其次，增设成员之间面对面沟通的机会，比如召开一些研讨会、教研会等，让每个人都有发表意见的机会。最后，让团队每个成员都要明白，自己是团队中不可缺少的一部分，大家只有共同努力才能使团队建设取得更大的成绩。另外，团队之间的合作也是非常必要的，应该加强团队之间的交流与沟通，这样可以吸收和借鉴别的团队的先进经验，从而促进团队的更好发展。

第三节　“双师型”教师团队建设的路径

一、以更新观念为先导，明确指导思想

师资队伍建设是学校最基本的教学建设。加强“双师型”专业师资队伍建设，首先要更新观念，明确指导思想。不论是院校还是教师，能否积极参与“双师型”专业师资队伍建设、积极促进教师专业发展，关键是看其观念是否得当，指导思想是否科学。

（一）强调专业发展，转变传统歧视观念

我国著名教育家顾明远先生曾说：“社会职业有一条铁的规律，即只有专业化，才有社会地位，才能受到社会的尊重。如果一种职业是人人可担任的，则在社会上是没有地位的。教师如果没有社会地位，教师的职业不被社会尊重，那么这个社会的教育大厦就会倒塌，这个社会也不会进步。”实现高职院校“双师型”教师专业化发展是提高高职专业教师社会地位和职业声望的根本之道。只有坚持“双师型”教师的专业化发展才能凸显“双师型”教师职业的专业水准和专业技术含量，才能吸引更多优秀人才加入高职专业师资队伍，才能提高我国高等职业教育的质量和水平，打造高质量的职业教育品牌。我们必须转变传统“重知

轻能”的思想，消除对高等职业教育的歧视，用终身教育的思想、全面发展的理论深化对高等职业教育的认识，明晰本质，丰富内涵，坚定不移地走专业化发展之路。同时，政府部门也要为高职教育的发展创建良好的外部环境。一方面，通过媒体、会议、政策等渠道宣传高等职业教育在我国国民教育体系中的重要地位，扩大优秀的高技能应用型人才的典型示范效应，将高职教育的相关政策落到实处，广泛树立“能力重于学历”的观念，弘扬“三百六十行，行行出状元”的职业风尚，为高职教育的发展营造良好的舆论氛围；另一方面，各级政府应从经济发展的现实需求出发，将发展职业教育纳入当地经济发展规划中，建立健全各项政策制度，合理配置教育资源，逐步提高生产一线技能人才尤其是高技能人才的经济收入，尽快破除鄙视职业教育的陈腐观念，引领职业教育步入良性发展轨道。

（二）突出能力本位

加快队伍建设进程能力本位是当代中国发展的核心文化理念，是一种人生价值取向。在传统思维的惯性心理影响下，现实中的就业招聘、职称评定、福利待遇等各个方面都与学历紧密挂钩。然而学历和文凭只能是代表着曾在何处受过何种教育、学过何种课程、专业知识掌握如何。在高等教育大众化的今天，这样的一纸文凭的价值将会不断贬值，整个社会将逐步完成从资格概念到能力概念的转变。高等职业教育培养的是高级技能型人才，坚持能力本位价值观，以专业技能的传授为重，更应该将以能力为导向的原则贯彻到职业教育的方方面面。因此，在“双师型”专业师资队伍建设中，要牢固树立能力本位的思想，确立岗位能力教育与培养的核心地位，以专业技能为考量的准绳，以能力为评聘的关键，在强调教师应提高学历的同时，要更加注重通晓行业技术标准和熟练技术操作。当然，要真正将能力本位的思想纳入职业教育体系是需要一段相当长的时期的。在这一过程中，高职院校师资队伍建设必须坚持“三结合”和“三并重”。所谓“三结合”，即校本培养与校外引进相结合、专职教师与兼职教师相结合、学校与企业相结合；所谓“三并重”，是指学历提升与专业培训并重、理论与实践并重、教学能力与专业技能并重。只有做到这两个坚持，我国高职院校的“双师型”专业师资队伍建设才能实现能力本位，才能真正步入科学、健康、可持续发展的快车道。

二、以内涵发展为突破，加强制度建设

要加快高职院校“双师型”教师团队建设，制度的顶层设置至关重要。因此，必须出台一系列具有高等职业教育特色、适合高职院校自身发展、有利于“双师型”专业师资建设的政策文件，完善高职师资队伍的制度建设，为“双师型”教师团队建设提供政策支持和保障。

（一）明确“双师型”教师内涵，找准“双师”角色定位

“双师型”教师团队建设是高职院校专业师资提升素质水平、彰显高职特色的重要方向，是提升高职教育教学质量的必然要求。准确理解和把握“双师型”教师的内涵，对构建“双师型”教师资格认证体系、创新培养模式、优化队伍素质与结构都有着十分重要的意义。那么到底如何界定“双师型”教师这一概念呢？目前学术界对此看法不一，综合起来有“双职称说”“双能说”“双证说”“双证＋双能说”“双师素质说”“一证一职说”以及“双元说”等七种。经辨析，本书认为，“双师型”教师是指具有一定的专业学历和实践工作背景的，集理论课教学与实际操作训练素养于一身的复合型高职专业师资。具体地说，这一概念起码包括以下三方面含义：首先，“双师型”教师是一种复合型人才，不是叠加型人才。所谓“叠加型”人才，即身份的一种罗列，表现在“双师型”教师上，就是教师和工程师两种身份的叠加，是教师资格证和专业技术职务证书的相加，这是低层次的人才素养形式。“双师型”教师应是更高层次的人才，是教育教学素养和实践操作指导素养的复合与综合。其次，以系统论的观点来认识，“双师型”教师的素质是一个结构性的有机整体，是其所必备的内外品质的综合。它不仅包括职业道德素质、知识素质、教育教学能力、教学研究能力、创新素质等一般性

教师素质，更重要的是，还应具备熟练的专业职业技能、丰富的实践经历经验、理论与实践结合及其教育转换能力、职业指导与创业教育能力、课程开发能力等特殊性素质。最后，兼职教师是“双师型”教师团队的重要组成部分。换言之，“双师型”教师不仅包括高职院校的专任教师，还包括从校外企业、行业聘请的兼职教师。

(二) 建立资格认证制度，提升“双师”社会地位

职业资格是职业人员能力和水平的象征，是社会职业成熟程度的主要标志，更是职业社会地位和社会认可度的必然要求。《中华人民共和国职业教育法》规定：“实施职业教育应当根据实际需要，同国家制定的职业分类和职业等级标准相适应，实行学历文凭、培训证书和职业资格证书制度。”我国结合高职教育专业师资现状，借鉴国外的一些经验，建立和规范“双师型”教师资格认证制度势在必行。首先，搭建“双师型”教师职业技能水平鉴定平台。为把好“双师型”教师团队的入口关，可由相关教育行政主管部门共同组织发起，成立职业技能鉴定委员会，采取考试等形式对“双师型”教师所应具备的综合能力素质进行客观的测量、考核和鉴定。考核过程中，应坚持两大原则：一是综合考察原则，即基于职业技能水平的考核活动应涉及学历、思想政治理论与实践、教育学、心理学、职业教育学等基本科目、职业专业技能水平、社会实际工作经历、应用技术研究成果等多方面的考察，从而对参考人员做出综合客观的评价与鉴定；二是分层量化原则，即职业技能鉴定委员会可在充分论证、广泛征求意见、深入探讨研究的基础上，制定出“双师型”教师技能水平认证体系，通过量化标准对“双师型”教师进行定层等，并发放相应等级证书。这些证书不仅将作为各高职院校“双师型”教师岗位聘用的必备条件，还将与教师自身的职称晋升直接挂钩。其次，运行“双师型”教师资格证书制度。为提升“双师型”教师的社会地位和社会认可度，确保高等职业教育教学质量，相关行政主管部门应结合我国高职“双师型”专业师资队伍的建设情况，积极探索和运行“双师型”教师的资格证书制度，出台“高职院校专业教师的任职规定”

“高职院校‘双师型’教师考核办法”“高职院校‘双师型’教师资格认证制度”等制度和措施，完善“双师型”教师从业资格的认定，实现“双师型”教师持证上岗。最后，建立“双师型”教师资格水平监控保障机制。要提升高职院校教师的专业素质和职业地位，仅有相关资格认定制度是远远不够的，还需要建立“双师型”教师资格水平监控保障机制，定期对已获得职业资格证书的教师进行考评考察，以充分保障职业资格证书与教师从业能力的等值性，保证职业资格证书在岗位聘用、职务聘任、职称晋升和工资待遇等方面的基础作用，增强社会认可度，从而真正有利于高职院校“双师型”教师的职业成长，有利于高职院校师资队伍的专业建设，有利于高等职业教育的深化发展。

（三）构建职称晋升标准，确保正确发展导向

实践证明，普通高等教育偏重理论科研的职称晋升机制并不适合高等职业教育“双师型”教师的评审。高等职业教育与普通高等教育是两种不同类型的教育，其教师职称评定标准理应有所区别。因此，高等职业教育应单独构建体现高职教师工作特色、适应“双师型”教师发展的职称晋升标准。一方面，要降低理论科研水平的考核比重，将技术实践能力、经历和开发应用能力均纳入评审体系，并作为重要考评指标，强调教师的专业技能水平的提升，突出学生职业能力的培养；另一方面，在“双师型”教师内部，根据“双师型”教师资格的等级分布评定职称，且可与普通院校的职称划分相对应。总之，高等职业教育独立的职称评定制度要使高职教师的一切职务评聘工作有利于高职教师的专业化发展，有利于“双师型”教师团队的建设，从而确保高职院校“双师型”教师的正确导向。

（四）打造人才激励体系，吸引优质师资人才

激励机制的打造是“双师型”教师团队建设的保障，对增强“双师型”教师职业吸引力，提高“双师型”教师职业地位有着举足轻重的作用。高职院校要走以政策吸引人、以政策留住人的发展路线，在管理条例、考核评聘、职称晋升、岗位津贴、住房等各个方面对“双师型”教

师有所倾斜，给予特殊政策。我国高职教育要想形成好的发展局面还有很漫长的路要走，当务之急就是要建立起科学的薪酬管理体系，以吸引和稳定“双师型”专业师资人才。该体系的构建可遵循按劳分配与按能分配相结合的分配原则，重技能、重实绩、重贡献，在整体水平有所提升的基础上，奖优奖先进，真正使“双师型”教师的付出与回报相称，以此增强行业吸引力，凝聚职业向心力，促使更多的高职教师自觉自愿以“双师型”教师为努力方向，以成长为“双师型”教师而感到满足与自豪。

（五）健全绩效考评模式，激发队伍内在活力

根据《中华人民共和国教师法》和《中华人民共和国高等教育法》中的相关规定，高等学校必须对其教师进行考核，其考核结果将作为聘任、晋升、奖惩的重要依据。可以说，这样的考核评价与每位教师的职业生涯发展都息息相关。为了促进“双师型”教师和专业师资队伍的整体水平实现全面、协调、可持续发展与提高，建立健全高职“双师型”教师考核评价模式显得尤为关键。其一，要形成符合“双师型”教师特色的考核评价体系。以教学为重，以“双师”素质为亮点，充分体现高职教育的实践性、应用性。其二，要以自我评价为基础。按照严格的计划，定期或不定期地全面对自身的教学和素质发展等各个方面进行检查，查漏补缺，以此避免管理人员碍于情面而影响评价的真实性，回避管理人员听课等造成教师紧张的心理因素，真正做到对自己的发展状况了如指掌。其三，要以学生评价为主体。学生是教师教学活动的直接受动者。学生评价应是“双师型”教师评价模式中的核心部分。在评价过程中可多组织学生参加座谈，然后形成对教师的综合评价意见，避免部分教师对学生的否定意见不予接受。其四，要及时给予评价结果反馈。在综合所有考核评价结果的基础上，院校应给予教师及时的反馈，帮助教师认清问题，明确发展目标，适时调整和完善个人职业生涯发展规划。

三、以强化专业技能为重点，健全培养机制

面对现代化科学技术的迅猛发展，高职教育的教育教学要紧跟时代步伐，实现“双师型”教师团队现代化，实现高职教师的专业化发展，以能力提升为本位，建立健全高职“双师型”教师团队培养体制，就显得尤为重要。

（一）规范培养规划，完善师资培养管理体系

我国对高职“双师型”教师的培养仍缺乏整体规划，没有形成规范化的“双师型”教师团队培养制度。我国的“双师型”教师培训“项目”虽多，但整体性和系统性不强，培养制度建设需要完善。一方面，可以在结合我国具体实际的基础上，参照其他国家的职业教育教师培养制度，制定出一套系统的高职“双师型”教师发展培养规划，从理论知识的掌握到实践技能的习得，从职前培养到职后的继续教育，乃至培训时间的需求，例如规定职业教育教师每年必须参加一次培训，每两年必须顶岗实习一个月等；另一方面，“双师型”教师团队中的每一位高职专业教师都应根据其自身素质水平制定贴近自身实际的培养提升规划，并与院校培养规划相结合，进一步明确职业发展轨迹，增强培养实效，实现高职“双师型”教师团队教师自我实现和职业发展预期的最大满足。

（二）充实培养内容，完善师资培养目标体系

随着我国高等职业教育逐步由规模建设向内涵建设过渡，高职教师也正实现由“双师型”教师团队单一型、封闭型、专业型向综合型、开放型和复合型角色转变。不论是社会还是高等职业教育本身对高职“双师型”教师的素质能力要求都越来越高。在“双师型”教师的培养培训过程中，培养什么、培训什么的问题也随之受到更多的关注。根据我国高等职业教育的特点和“双师型”教师的基本素质要求，“双师型”教师应接受系统的职业专业理论知识和“双师型”教师团队技能培养，在培养培训内容选择上应包括师范性、职业性、实践性和开发应用性内

容。“双师型”教师团队中，师范性内容即教育教学及师范生技能类课程，强调教育教学素质的培养；职业性内容则是相关职业的专业课程内容，关注职业岗位的专项性；实践性内容是指“双师型”教师团队参加生产、服务等一线工作的实习、见习内容，是在生产现场的工作经验要求；而“双师型”教师团队开发应用性内容更强调创新性思维和发散性思维的培养和训练，以帮助“双师型”教师将专业知识、技能和技术融会贯通，相互渗透、转化，奠定开发创新的能力基础。因此，“双师型”教师需要主动把握各种培养培训机会，适时参加岗位实训，及时吸收新的知识、技术，拓宽知识面，强化职业技能水平，以适应职业工作岗位的发展需求。

（三）创新培养模式，完善师资培养支撑体系

苏联教育家马卡连柯指出：“教育者的技巧，并不是一门什么需要天才的艺术，但它是需要学习才能掌握的专业。”故而，高职院校“双师型”教师必须通过系统培养来扎实专业基础，提高业务能力，实现专业发展。我国的高职师资培训模式略显单一，必须进一步拓宽渠道，创新模式，为“双师型”教师培养培训提供更多的机会，搭建更为广阔的发展平台。结合我国高职院校“双师型”专业师资队伍建设的现状，可以尝试实施四大培养工程：

立足专业建设，实施院校培养工程。“双师型”教师的培养是一项长期的系统工程，需要有专门的职前培养渠道，实行专业化培养。结合我国高等职业教育发展实况，可以尝试开设专门的职业教育师范专业，联合相关企事业单位和高职院校，共同实施以高等学校为主体的高职专业师资职前院校培养工程。该种培养可实行本科与教育专业硕士连读的方式，在本科阶段“双师型”教师团队的四年中，学生主要学习教育理论、师范技能、职业教育的基本理论知识、教学论，并参加一定的教育实践；其后的专业硕士学习阶段，学生选择具体的专业方向，利用一年半的时间集中学习所选专业的理论知识，并参加企事业单位的顶岗实习，最后半年则前往高职院校进行教学见习和实习。需要强调的是，学

生在企事业单位顶岗和高职院校实习两个环节所占学分应等于或高于其在校就读所有课程的总学分，以此突出专业技能和教学技能的重要性。

依托校企合作，实行行业培养工程。“双师型”教师团队面向企业、面向生产，是高职教师提高自身“双师”素质的根本出路。德国采用的“双师型”教师团队的“双元制”模式就是一元为高职院校，一元为企业；瑞士采用的“三元”模式，其中三元分别是政府、高职院校和企业。其共同之处在于都有企业的广泛参与，且这种参与不仅体现在职业院校的学生培养上，更体现在职业教育专业教师的培养和发展上。

因此，我国“双师型”教师的培养培训必须建立起深层次的校企合作机制，努力形成行业、企业广泛参与的良好师资培养机制。第一，要自主开发和嫁接企事业单位实践基地。一方面，高职院校可以与全国或当地比较知名的企事业单位建立联合机制，在生产一线挂牌，将企事业单位发展成为学校定点实践基地，安排教师分批分专业实训，实现长期合作；另一方面，有条件的高职院校可以仿照医科大学办附属医院的模式，附设相应企业，统一由校方管理，这样不仅可以有计划地安排本校专业教师前往企业实习锻炼，也可以从企业聘请优秀技术人员担任兼职教师，有效保证专业教师实践锻炼机会的同时，还促进了兼职教师队伍的稳定、持续发展。第二，要建立专业教师顶岗实践制度。教育部曾在21世纪初颁发《关于全面提高高等职业教育教学质量的若干意见》，明确指出：要“增加专业教师中具有企业工作经历的教师比例，安排专业教师到企业顶岗实践，积累实际工作经验，提高实践教学能力”。这要求高职专业教师尤其是缺乏职业实践经验的青年教师直接进入职业现场，与实际生产“零距离”接触。高职院校可与企业达成长期协议，由企业空余一些工作岗位给高职专业教师，由高职院校计划性地安排本校相关专业教师轮流顶岗，接受培训。这将真正有助于高职专业教师将理论付诸实践，在全真的实践环境中切实锻炼，提升技术实践能力，提高“双师”素质。第三，鼓励和支持“双师型”教师参与企业、科研机构技术开发和专业实训室建设。“双师型”教师除了要有扎实的理论知识、熟练的技术能力，还要有一定的技术开发和推广能力。为此，高职专业教师完全可以尝试着参与企事业单位和科研机构的科研开发项目，参与企业的专业实训室建设工作，承揽企业的科研项目，在帮助企业解决实际问题的同时，提高自身的科研和技术开发能力，深化校企合作，实现企业、教师与高职院校的同步“三赢”。

锻造特色品牌，实施校本培养工程。所谓校本培训是指在教育行政部门和有关业务部门的规划与指导下，以教师任职学校为基本培训单位，以提高教师教育教学能力为主要目标，把培训与教育教学、科研活动紧密结合起来的一种继续教育形式。它能够最大限度地发挥高职院校自身的资源利用率，广泛调动高职专业教师的积极性和主动性，有目的、有计划地提升教师素质、提高教学质量。第一，实行“以老带新、以优带新”制度化。这种方式是多数学校在培养新教师和青年教师时常用的方法，利用本校现有的优秀“双师型”教师指导培训青年教师，开展分类赛课评比等活动，鼓励推动新教师、青年教师快速成长。第二，提倡因材施教，针对性开展专业教师培训。高职院校要遵循教师成长发展的规律，根据自身的教学资源特点和专业师资队伍发展规划，对本校教师分层分类分阶段进行培训。比如，根据不同的教师群体特点，安排不同系列的“项目”、专题，对本校专业教师实施培训等。第三，鼓励专业教师开发校本课程。校本课程开发是指学校为了达到教育目的或解决学校的教育问题，依据学校自身的性质、特点、条件以及可以利用和开发的资源，由学校教育人员与校外团体或个人合作开展的课程开发活动。专业教师参与到校本课程的开发中去，一方面可以促使其发挥自主能动性，努力采取一切教育手段，将职业专业的文化知识和技能传授给学生，另一方面也促使其培养自身教育素质，系统梳理自身知识结构，努力钻研专业理论，并自觉走向生产现场，实施教育实践，参与教育科研，从而不断提高教育教学质量，增强教育教学自信。

拓展培训空间，实施跨国培养工程。教育的另一种合作方式是给教师提供到别国工作的机会。教师可以到外国进行一些跟上时代的高深研究，从事某项特定的研究项目或钻研某种专门的学科。这种方式可以充实教师的训练，提高他们的能力。国际化培养是高职专业师资面向世界的重要途径，是其职业培养平台的一种提升。因此，教育行政部门和高职院校可直接派遣专业教师到国外参加培训；可以与国外一些职业大学联系，达成长期的合作项目，定期组织互换教师，“走出去”和“引进来”并驾齐驱；也可以是直接与企业联系，参观国外在生产技术上具有代表性和先进性的企事业单位等，形式多样，目的明确。

当然，上述高职教师培养工程应是一个密不可分的有机整体，相互联系，相辅相成。它们的有效实施对高职院校专业教师提升职业素养，跻身“双师”之列，成为“技高”之师发挥积极作用。

（四）狠抓基地建设，完善师资培养网络体系

我国高职院校专业师资队伍整体素质不高、“双师型”教师不足等问题已是不争的事实，根据教育部的相关规划要求，高职“双师型”教师队伍的发展任务十分艰巨。虽然各高职院校纷纷利用校内的各种资源为专业教师的发展提供一切可能的条件和机会，但多数学校设备陈旧，难以满足专业教师对高新技术、对先进理论的需求。为此，教育部已在全国各省市有条件的地方建起了一系列国家级和省级高职高专师资培养培训基地，承担对现有高职专业教师职前、职后的集中培训。然而，这些覆盖了多个省市的培养培训基地并没有成为高职专业教师修炼“内功”的向往之所，国家精心策划与规划的高职师资培训网络也并没有得到充分的开发与利用。要改善这一现状，进一步加强基地建设是必然选择。第一，基地建设要努力实现社会化发展。要改变目前基地建设以学校为主体的状况，将培养培训的中心逐步转向社会，转向相对应专业的企事业单位，与社会各界形成一定的联系机制，共同把脉高职“双师型”教师的发展现状，找准专业师资培训的突破口，为培训教师提供实践提升的见习和实习机会，从而切实提高高职教师参加基地培训的实效性。第二，基地建设需要不断推陈出新。要紧密结合高等职业教育和社会职业发展赋予“双师型”教师的新使命、新任务、新要求，尊重受训

教师意愿，灵活把握培训内容和培训方式，不断推出符合时代发展需求的、具有吸引力的培训项目，最大限度地满足受训教师的自身发展需求和愿望。第三，基地建设要始终保持代表性和先进性。基地所拥有的各项生产技术、实训设备都应在全国至少是本地区具有代表性和先进性，专业培训师的聘用也应具有一定的权威性。第四，基地建设要通力实现网络化。各基地之间要充分利用互联网等先进技术，增加基地间的沟通、培训师生间的交流，形成高职“双师型”专业师资培养培训网络，使得专业师资培养更具开放性、灵活性。

(五) 拓宽经费渠道，完善师资培养保障体系

经费是“双师型”教师团队建设持续快速发展的重要物质基础。培养经费不足已严重影响“双师型”教师培养培训工作的顺利展开。我国除了各级政府在教育经费划拨的过程中充分重视高等职业教育，增加对高职教育的投资外，各高职院校也可尝试设立专业“双师型”教师培养专项基金。基金用以支持专业教师参加培训、进修，鼓励教师考取职业技能资格证书，奖励优秀骨干“双师型”教师，从而保障“双师型”教师团队建设工作顺利开展，避免高职院校以资金紧张为由拖沓专业教师培养培训工作。基金的资金可以以国家拨款为主，以高职院校为企业提供有偿服务为辅，同时可号召各企事业单位或个人进行捐款等。在对“双师型”教师团队建设的评估中，该项基金的建立和运行情况应纳入考量。

四、以建设教学团队为抓手，优化队伍结构

(一) 依托教学团队，建设人才梯队

构建高效、有序的“双师型”教师团队是学校建设的战略性基础工程，对现阶段高职专业教师自我完善提高、优化师资队伍结构具有重要意义。一般来说，专业教学团队的特征主要体现在四个方面：其一，团队师资来源多元。它包括优秀“双师型”骨干教师、高职专业教师、兼职教师、高等院校毕业后到校任教的新教师等，其共通之处在于他们都

在努力使自己符合“双师型”教师标准。其二，团队成员构成互补。即他们各有特长，既有专业理论扎实的专任教师，又有实践经验丰富的兼职教师，还有具有较强创新意识的青年教师等，这样的优势整合与互补，尤其在承接某些项目时，有助于一部分骨干型教师脱颖而出，有助于积极引导团队青年教师增强自我发展的意识，引导他们在学历提高、上岗培训、业务水平提高等方面，用“新信息、新理论、新知识、新技术、新技能、新方法”充实自己、塑造自己、锻炼自己。其三，团队整体目标一致。即要提升团队的整体工作效率和教学水平，培养适应社会经济发展需要的一线应用型人才，这一共同愿景的确立将激发起团队成员自我发展、自我提升的积极性，凝聚团队的向心力。其四，团队发展持续和谐。团队加强理论学习探讨，提升实践技能，能较快地形成传、帮、带的学习风气，发挥老教师、骨干教师的指导性作用，使中青年教师在更新知识、拓展技能、提升教学能力等方面具有更突出的特征和专业特色，从而打造一支可持续发展的“双师型”专业教学梯队。因此，各高职院校可根据学校专业师资的现实状况，将建立“双师型”专业教学团队纳入“双师型”教师团队建设规划，酌情制定相关的团队建设与管理办法，广泛调动专业教师的积极主动性，以加快建设和发展“双师型”教师人才梯队。当然，建设“双师型”教师团队并不是一蹴而就的，也少有前人成功的典范可以借鉴，需要高职院校的不断探索与实践，进而使之逐步走上规范化、制度化和科学化的发展轨道，以适应高等职业教育的快速发展和现实需求。

（二）发展兼职队伍，广开师资才源

兼职教师是高职“双师型”教师团队的重要组成部分，是沟通教育与职业、学校与企业的重要渠道。加快兼职教师队伍建设应是我国高职院校专业师资队伍建设“广开才源”的重要途径。①依托校企合作，创建人才储备。企事业单位是“双师”素质教师的“藏龙卧虎”之地。要改善当前我国高职院校专业师资队伍兼职教师比例小、质量不高的现状，必须走出去、引进来，依托企事业单位，主动创建高职院校兼职教

师的人才储备库。首先，政府部门应出台相关扶持性政策。一方面，可落实一定的专项资金或编制，用于兼职教师的课时报酬及队伍发展，以吸引社会人才投身高等职业教育事业；另一方面，明确企事业单位向高职院校提供兼职教师的责任和义务，鼓励并帮助社会上各行业的优秀人才任教高职。其次，高职院校要广开门路，广纳贤才。要改变师资来源以高校毕业生为主的传统做法，以1/3～2/3的比例要求聘请兼职教师，实施吸纳社会、行业优秀人才的优惠政策；要建立外聘教师信息网，扩大兼职教师的选择范围，择优录取；要根据院校的实际情况，设立特聘教授岗位，将企事业单位的技术权威人士引入学校的专业师资队伍，实现专业师资队伍知识技术与经济发展同步，甚至超前，并以此不断激发专业教师自觉提升业务水平的热情和动力。当然，一旦兼职教师任教，就要保证具有相对的稳定性，以减少教师之间、师生之间的磨合期，确保高等职业教育的教育质量。②健全管理机制，强化岗位管理，严格把关。高职院校兼职师资队伍的管理是充分发挥兼职教师作用、提升教育教学质量的重要保证。高职院校的领导要加强与兼职教师沟通交流，尊重和重视兼职教师从事教学工作的各种想法，真诚相待，人性管理，凝聚兼职教师队伍的向心力，调动兼职教师积极主动性，使兼职教师主动为教学工作服务，为提高教学质量努力，为高职教育的发展出谋划策。

（三）规范师资流动，推进持续发展

规范“双师型”教师流动要从以下四个方面着手：第一，要引入现代教师管理制度。一方面将社会竞争机制纳入教师管理，在“双师型”教师的录用、晋升、评价等各个环节坚持公平、公开、民主，体现“优胜劣汰”的理念；另一方面规范完善“双师型”教师的交流、辞职、辞退制度，促进教师队伍的新陈代谢，保持教师队伍持续发展的生命力。第二，要以社会激励机制为动力，强化高职教师的考核、竞争、奖惩、薪酬等制度，提高“双师型”教师的社会地位，增强“双师型”教师岗位的吸引力。第三，完善教师劳动力市场，加强政府对教师劳动力市场的宏观调控，健全劳动力市场的运行和服务体系，改善当前教师流动的

无序状态，为“双师型”教师团队建设搭建稳定和谐的发展平台。第四，启动地区教育合作项目，以骨干高职院校为中心，打破地区、行业界限，实行同类学校或同类专业联合办学，优化专业师资配置，实现资源共享机制，改善“双师型”教师地域分布不平衡的状况。总之，高职院校“双师型”专业师资队伍的建设是一项长期的、复杂的社会系统工程。这要求我们以辩证的眼光看待它；一方面，我们不能把“双师型”教师团队建设过分理想化、简单化，而要正视队伍建设存在的不足；另一方面，我们也要认识到“双师型”专业师资队伍建设的独特性和可行性，从而看到队伍建设的希望所在。

第六章　新时代背景下“双师型”教师团队建设研究

第一节　“四创”教育背景下“双师型”教师团队建设

在百年未有之大变局和实现中华民族伟大复兴的背景下，“四创”人才培养成为高职院校建设的需要。所谓“四创”人才，强调“创意、创新、创业、创效”能力的有机融合，它要求高职院校突破传统的思维模式，推动传统学科的更新升级，从专业分割走向交叉融合，于变局中开新局。其中，“双师型”教师团队建设是实现新时代“四创”人才培养的重要途径。那么，在智能化逐渐普及和产教融合迈入新阶段的当下，高职院校教师队伍如何完成重组、融合与再造，打造一支结构合理、素质过硬、视野开阔、技能精湛的多元化“双师型”教师团队？

一、以“科创融合”为目标，完善“培育＋聘请”模式

要想打造一支高素质“双师型”教师教学创新团队，培育“善创意、会创新、勇创业、能创效”的人才，高职院校必须改革师资人才引进和培育制度，建构“学院专业导师＋创业实践导师”的“双师型”师资队伍。

从校内出发，在人才引进时要特别强调教师的企业、行业工作或实习经历，从源头上来优化师资团队的实践操作技能。另外，在“双师”型教师培育过程中要注意分层建设标准体系，从提高教师工作实践能力、创意课堂教学设计能力、创新平台开发能力、创业项目运行能力等

维度来优化培养格局，鼓励教师进行创意创新创业实践，为其提供操作平台和技术支持，全方位提升其创意思维、创新意识和创业能力，增强对学生的指导能力。

从聘请维度出发，高职院校应整合校外智力资源，打造“专兼跨界结合”的“双师型”教师团队。具体来说，应从校外聘请具有丰富创意创新创业经验和实践操作能力的高级技工、企业高级管理人才、创意研发师、创业成功校友、创业企业家、行业专家等来担任创意创新创业实践课程的教学和实践指导工作，让学生能更好地了解与创意创新创业相关的基础知识。既然是“专兼结合”，那么校内培育和校外聘请的专家应该实现资源共享与互动交流，让理论知识和实践能力实现高度融合，以此来打造更为专业、精良、高端的团队。

二、以“专创融合”为基础，打造分类递进的教学体系

针对“四创”人才培养过程中“双师型”教师教学手段单一、教学模式僵化的困境，高职院校理应从教学理念更新、教学体系分层设计、教师视野拓展等向度寻找突围路径。

首先，高职院校的“双师型”教师要更新“四创”人才的教育理念，以“立德树人”为根本，秉持“宽口径、厚基础、重实践、强能力、广视野、尊个性、求创新、能创业”的目标方向，将“创意、创新、创业、创效”理念融入课堂教学中，注重对学生“四创”意识的锻造，让他们成为促进产教融合发展的重要力量。

其次，“双师型”教师团队要以“专创融合”为基础，从“基础层—拓宽层—创新层”来优化基于专业的递进式“四创”人才培养教学体系，解决教学模式单一化的问题。比如，可面向全体学生开设“创意、创新、创业、创效”的基础性通识课程，这些通识课程包括“创新创业基础”“从零开始学创业”等，由此给学生种下“四创”融合的种子。除了基础课程，对于各院系不同专业的学生，理应开展融合性专业

创意创新创业课程。尤其是对于工科专业的学生来说，要以专业技能实践和创新能力培养为旨归，以院校合作或校企合作的实践项目为依托，借助项目的实际开发与运行来开辟“四创”人才培养的新途径。同时，为了融入创业思维，还需开设“创业营销”“创新创业领导力”等课程，推行“企业模拟实训课”，让学生能在课堂上经由角色扮演、案例分析、问题诊断等流程来模拟企业真实场景和工作情境，最大程度上接近企业实战。在这种模拟中，“双师型”教师的教学模式自然也就发生了变化。当然，要进一步促进教学手段的更新，教师需要持续充电，拓宽自己创意创新创业的视野。高职院校应注重“双师型”教师团队的培育，联合区域优势企业和高端产业，邀请企业名家、创业先锋、行内专家等为教师开展创意设计、创新思维和创业实践的系统培训。从拓展层和创新层来说，还应面向个体差异，为学生开设创意、创新、创业、创效的个性课程，调整评价模式。具体来说，高职院校理应打破传统评价方法，通过工学结合和以赛促学来构建多元化职业素养的评价体系，将学生自评、学生互评、教师评价、行业企业评定相结合，完善创新创业实践选修学分积累和转换制度。在评价中以多元学科竞赛为抓手，通过社团组建、项目立项、赛项参与、特色培训、创业孵化等活动鼓励学生参与创新创业大赛，挖掘有个性、有能力的创新创业团队，实施个性化培养，在培养中使学生获得企业思维、产业思维、国家思维、国际思维，助其讲好自己创意、创新、创业、创效的“中国故事”。

三、以“实创融合”为依托，搭建“双师型”教师实践平台

高职院校应深度推进“产教研融合”与“政校企城合作”，注重“双师型”教师应用型科研水平的提升，增强其实践能力、教学设计能力、课程开发能力与项目实施能力。具体来说，高职院校应将与企业的合作落到实处，并形成系统有序的推进模式。比如每学期固定安排教师长时间进驻合作企业，让教师切实参与企业的员工培训、人事管理、技

术操作、项目研发等流程，由此来提高“双师型”教师的实践操作能力和创意创新创业的意识，继而能更有针对性地投入教学活动中，并能以企业发展和社会需求为导向来培养有创意思维、创新意识和创业能力的学生。同时，高职院校自身应以“产创融合”为根本，依照办学定位，结合区域优势产业和地域特色资源来搭建“教学—实践—落地—市场”实践平台，鼓励师生共同创业，一起投入“教学科研—产业实践—成果转化”的创新创业项目实践中，借助“政产学研资用”的多项交流协作共同体进行技术攻关、产品输出、市场营销、问题反馈，从而提高“双师型”教师和学生关于“四创”的专业知识及实践技能。

四、以“产教融合”为根本，健全“双师型”教师评价机制

为了更好地提高“双师型”教师团队对学生进行创意创新创业教育的积极性，学校应该以“产教融合”为根本，制定并完善“制度支持+激励机制”，从而助力教师个人职业生涯发展、推进政校企城合作、促进“四创”人才培养。从职称评定、绩效考核、薪资待遇等维度来看，高职院校应该制定一套分层次、分等级、分种类的评价体系。这样，“双师型”教师有相对优厚稳定的工作环境，从而能把更多精力投入创意创新创业教育过程中，能对有创新创业潜质和意向的学生进行全程跟踪培养和实务指导。这种评价体系也会促使更多的普通型教师朝着“双师型”教师方向而努力，从而壮大团队实力。另外，就“双师型”教师团队建设而言，高职院校应特别注重技术奖励，对于获得专利授权、比赛获奖、指导学生创新创业等活动的教师进行嘉奖。对于处于创业成长期或者具有创业想法的教师，高职院校除了给予系统辅导培训、针对性的技术支持外，还应提供部分经费支持，如此，有助于促进“双师型”教师真正完成“科研—实践—转化”的过程。

当前，契合“十四五”规划开局之年的需要，在产教融合迈入新阶

段的当下，高职院校应该与时代同频共振，以“科创融合”“专创融合”“实创融合”“产教融合”为依托，完善“培育＋聘请”模式、创新教学模式、打造实践服务平台、健全教师评价机制，打造具有中国特色的高素质“双师型”教师教学创新团队，培养“善创意、会创新、勇创业、能创效”的新工科人才。

第二节　基于“双高计划”的“双师型”教师教学创新团队建设

一、“双高计划”对高职院校“双师型”教师队伍建设的新要求

创建具有“双师”水平的教师教学团队不仅能够应对师资短缺、调整团队结构、满足教育需求，还能加强产教融合、优化学校资源配置、提高人才培养质量。根据“双高计划”对院校教师发展的要求，“双师”教师应具有优秀的教育教学技能和科研能力，体现在优秀的技术开发和技术技能展示上，在专业领域具有一定的国际影响力，具有较高的教育水平和国际认可度。

新时代对“双师型”教师的素质有了更高的标准和要求。教师要努力成为有理想信念、有道德情操、有扎实学识、有仁爱之心的“四有”好老师，应具备优秀的教育教学技能和实践技能。学校和研究机构提供的社会服务应考虑到区域和社会发展，为工业企业提供服务，具有一定的社会价值。教师作为校企桥梁，更应适应形势，善用资源，有效整合和实施学科和领域之间的共同创新和发展。新时代“双师”团队数量、结构、质量都有所提高，要实现优化，不仅要做好团队发展规划，还要形成创新体系，确保“双师”团队的良好发展。

二、“双高计划”背景下“双师型”教师教学创新团队建设的意义

“双高计划”背景下，“双师型”教师教学创新团队建设具有重要意义，无论是对于高校产教融合还是校企合作等方面潜力的挖掘，都需要较高的教学能力和实践指导能力作为“双师型”教师建设的重要支撑和推动力量。

“双师型”教师教学创新团队建设的意义体现在以下几个方面：其一，缓解师资匮乏困境。在“双高计划”背景下，很多学校都在进一步扩招生源，由于学生学习水平参差不齐，综合能力具有明显差异，生源素质也呈现多元化发展趋势。学校获得了新的发展机遇，同时也面临着严峻挑战。加强“双师型”教师队伍建设势在必行，一方面增加教师数量，按照师生之间的数量配比不断扩建教师队伍，吸引更多教育人才投入教育领域中。另一方面提高教师质量。教育工作者应具备较强的专业技能、知识储备和心理储备，推动我国教育事业不断发展。通过打造“双师型”教师教学创新团队，无论是在教师数量上还是质量上都实现了质的提升和飞跃，缓解了当前师资匮乏的困境。其二，有助于实现人才共享和资源共享。构建“双师型”教师教学创新团队能够实现人才和资源的共享，团队成员在分工协作的过程中形成合力，为实现同一个目标积极负责，贡献自己的力量，这一群体具有相互依存、责任共担、目标明确、分工合作等多样化的特征。在“双高计划”背景下，“双师型”教师教学创新团队是由一群专业水平较高的人员构成的，取得了较高的学术成就，具有创新性的学术思想，较强的组织协调能力、团队协作精神和凝聚力。团队成员之间在专业、年龄、学历、职称结构等方面遵循了科学性、合理性的搭配原则，能够实现人才的优势互补、共同发展，成为学习共同体，继而在合作创新的过程中实现互惠互赢、资源共用，最大程度地发挥人才优势和资源优势。其三，有助于促进教师个人成长。在“双高计划”背景下，通过打造“双师型”教师教学创新团队，能够创建一个知识共享、经验交流的教育环境，形成积极、健康的教育

生态。团队带头人通过辐射带动，加强学校教师和企业技术人员的沟通、交流和互动，实现了知识技术的有效传递，形成教育合力，专注于对备课、教研、教学模式等环节的共同探讨、研究上，整体上提升了该团队成员的专业水平、教学能力、专业素养。加强“双师型”教师教学创新团队的构建是促进教师专业化成长的重要路径。其四，有助于学生成长成才。学校在发展改革的过程中要加强课程建设，提高教学质量，强化办学特色和办学能力。保障学校办学、育人质量的核心在于课程建设，“三教”改革则是课程建设的主要助推力量。“双师型”教师教学创新团队构建是“三教”改革的有机组成部分。在“双高计划”背景下，加强“双师型”教师队伍建设是我国教育改革工作中的重要任务。教师队伍是课程开发、课程设计、构建课程内容体系、推动教学模式改革的主要推动力量，教师队伍质量的高低将对教学效果产生直接影响。通过构建一支高质量的“双师型”教师教学创新团队，能够进一步落实对学生核心素养的培养，促进学生的全面发展，增强学生的综合能力，使学生能力与岗位实际需求相匹配，提升就业质量。

三、“双高计划”背景下“双师型”教师教学创新团队建设思路

“双高计划”背景下加强“双师型”教师教学团队建设，转变建设思路，适应当前我国教育发展趋势，紧跟教育发展步伐，落实以人才强校战略为主线、以师德建设为主要方向引领、以服务专业群为团队建设重点，借助校企的重要资源，以此为依托，借助机制改革的动力，从整体上创建优化和促进人才成长的良好环境。应科学制定“双师型”教师团队发展标准，明确“双师型”教师培养优化的主要路径，进一步完善培养机制，不断优化团队结构，切实关注专业、学历、职称等多方面因素，使得团队结构趋于科学化。进一步加强激励措施，保证“双师型”教师教学创新团队的稳定性。引导教师不断学习，夯实自身专业知识，实现专业成长，强化专业能力，增强技术与服务能力等，继而打造一支专业造诣深、行业有权威、国际能交流的高水平“双师型”教师教学创

新队伍，为促进学校的高质量发展提供切实可靠、源源不断的人才资源。

四、“双高计划”背景下“双师型”教师教学创新团队建设路径

（一）严格选拔“双带头人”，组建“双师型”教学团队

目前，“双师型”职业教育教师的认定标准在学术界出现了“双证书理论”“双资格理论”“双能力理论”“双职称理论”等相关术语。由于“双师型”教师资格的差异，高校师资队伍建设存在诸多困难。“双师型”教师队伍是指队伍中的所有成员都是双师型、全师型教师，因此对双重资格认证团队的理解是创建双重资格认证团队的重要因素。选择两名团队带头人，共同组织和领导团队成员，做好职业教育和创建专业等方面的相关工作，培养技术技能人才。两名团队带头人应具有知识结构和组织文化、研究和实践能力、学术影响和行业影响的互补性，能够深入进行经验交流，推进人才竞争力的提高与学校、企业的可持续发展同步进行，实现技术人才的成长以及职业带头人的个人发展。严格选拔“双带头人”，组建“双师型”教学团队，积淀协同作战的团队文化。

（二）构建常态化长效化的可持续培养机制

职业教师培训是职业教育和企业培训的自然延伸。目前，我国的教师教育通常缺之长期和可持续的培训计划，在达到易于学习的技能和职称标准后，教师参加继续教育的动力稍显不足。近年来，各大院校积极引入校企合作培训方法，以培养具有双重资格教师的专业技能，因此构建适应高等教育需求的可持续职业培训机制已成为高等教育发展的重要问题。应充分整合校企资源，基于双高名师名匠工作室、师资培训基地等师资培训创新平台，构建常态化长效化的可持续培养机制。

（三）健全体制机制，建立资格认证标准

在“双高计划”背景下，高校应完善“双师型”教师教育体制机制，加强创新管理，为团队发展创造良好的制度环境。创新型教师培训

团队的创建应与“双高计划”相结合，制定双师资格教师的资格认证标准，丰富优秀教师队伍，提高教师的教学技能。以专业实践和开展研究的能力为基础，根据职业培训的实际需要，为“双师型”教师制定纪律和标准，将认证程序制度化，引入“双师型”教师定期注册和评估系统，确保认证标准的动态和优化发展。加强教师的职业培训，以适应经济和社会发展需要，创建二级教师资格管理系统，使教师能够按照相关要求不断提高自身技能。将评估、招聘相结合，建立有效统一的运行机制，促进各方合作，确保认证结果科学有效。

（四）校企协作建立教师创新平台

“双高计划”背景下，可通过校企合作创建综合性的人才培训基地，构建资源交流平台和创新平台，进一步拓展“双师型”教师创新团队建设路径。学校可设立培训中心，吸引中小型企业参与其中。学生可参与技术改造和自主创新，引导学生进行技术创新。教师全程指导，提高资格证书的含金量，提高教师创新团队技术创新、社会服务和文化传承的可能性。

“双师型”教师创新团队建设任重道远，作为“双高计划”的重要建设目标，教师队伍建设直接关系到高素质技术人才的培养质量。未来，企业、学校和教师应积极合作，提高人才培养质量，满足社会发展需要。

第三节　协同理论视域下“双师结构”教学团队的建设

一、协同理论视域下的“双师结构”教学团队

（一）协同理论是构建“双师结构”教学团队的理论基础

协同理论由德国著名物理学家哈肯创立，他认为，客观世界存在着

具有不同属性的系统，而各个系统间既相互影响又相互合作，系统能否发生协同效应，是由系统内部各子系统相互作用和协作决定的，协同得好，整体效应就高。一个开放性系统，与外界进行“物质、能量”交换时，将促发各子系统相互作用与协作，形成耦合关系，从无序结构自觉走向有序结构，将产生“1+1＞2”的协同效应。

“双师结构”表现为专兼结合的教师来源结构、适应模块化教学创新型教师的能力结构和培养德智体美劳高素质技术技能人才的教学结构。组建这类教学团队，需要得到政府支持、行业企业指导和社会参与，这些子系统彼此协作互为促进，形成相互影响、相互作用关系，走向同频共振协同发展。高职院校人才培养类似企业生产，需要教师之间分工协作，“双师结构”教学团队顺应这一要求，其目标定位、结构要素、能力素质、实施运行均需多方协作方能完成。因此，协同理论指导“双师结构”教学团队建设具有合理性。

（二）协同理论视域下“双师结构”教学团队的特征

协同理论视域下，“双师结构”教学团队以校企合作为基础，共同遵循合作规范和准则，具有以下鲜明的特征。

1．结构合理性

教学团队要对成员学历、职称、知识技能、素养能力进行合理配置，优化整体结构。吸纳行业企业技术骨干、能工巧匠入校任教，形成专兼职教师合作模式，使教师教学能力、实践能力、创新能力得到平衡和互补。

2．成员合作性

个体只有融入团队，才能实现自身价值。“双师结构”教学团队重视培育合作意识、合作能力、合作品质，教师相互合作可映射到学生，创设与同伴合作互助氛围，培育学生合作能力和创新意识。

3．团队开放性

校企合作决定了“双师结构”教学团队具有跨界属性，必须与外界保持人员、物质、信息等交换，要面向社会、立足市场、链接岗位，得到政府、行业、企业全力支持，具有开放性特征。

4. 校企协同性

产业结构优化、技术更新换代、用人规格升级，刺激校企主动寻求合作机会，这是“双师结构”教学团队协同建设的内在动力。校企协同能满足企业获得技术技能人才的需求，职业院校得以在更大范围、更高层次实施人才培养。

二、协同理论视域下“双师结构”教学团队“四化”建设

在“双师结构”教学团队的建设中，各子系统不仅要保持协作关系，更要加强组织结构的最优化、系统设计的模型化、制度管理的精细化和实际运行的协同化。

（一）最优化结构

教学团队最优化结构要体现专兼结合、梯队合理、校企协同、多元组合的特点。首先，从来源结构看，职业院校要引进行业企业和社会机构技术骨干、工匠大师入校任教，组建学校专任教师和校外兼职教师的教学团队，发挥企业“技术型”教师优势，弥补学校“理论型”教师短板。专兼结合优化团队结构，可促进成员互学互鉴、能力互补，增强团队理论和实践能力。其次，梯次合理是教学团队建设的基础条件，是团队可持续发展的保障。教学梯队要求成员的学历、职称、年龄、性别、企业背景合理搭配，优势特长互补，具有适当比例。吸纳高学历、高职称人员，提高团队科研水平；形成老中青梯队结构，发挥“传帮带”作用；以“双师”素质为导向，新进教师具备不低于3年企业工作经历，强调实践指导能力。再次，教学团队应具备扎实的教学能力和实践能力。理论教学、现场操作、课程改革、实践创新应由不同教师承担，学校教师参与企业生产和技术服务，企业人员参加职业院校人才培养和教学改革。通过校企教师双向互动，打造校企文化融合育人平台，加强职业院校与社会、企业凝聚力和合作度。最后，创新“双师”团队教学结

构，构建涵盖思政课、文化课、专业课教师的教学团队，将德育为先、能力为重、发展为本的教育理念落到实处，实现思想政治教育与文化课程、专业技能学习有机统一，有力推进课程思政建设，实现全科、全程育人。

（二）模型化设计

基于协同理论，子系统相互协作会拉动整体效应，使个体获益增强。高水平教学团队要树立协同发展理念，围绕目标共设、多元协作、专兼结合、多师互补基本要素，构建“双师结构”教学团队协同建设模式。

“双师结构”教学团队协同系统由政府部门、职业院校、行业企业和社会机构四个子系统组成，形成互相合作、相互支撑、共同发展的协同关系。政府搭建多元合作平台，将职业教育与社会资源优化整合、共建共享，促进协同系统共设建设目标、共育技术人才、共建实训基地、共研横向课题、共推技改项目，在共培共育中互利共赢。“双师结构”体现专兼结合、多师互补特征，专任教师包括思政课教师、文化课教师、专业课教师，兼职教师来自行业企业或社会机构。理论型、技能型、素质型、创新型教师构成合作关系，共同开展产、学、研、训、创一体化教学活动，培养全面发展的技术技能人才。教学团队的模型化设计，可提高团队建设的系统性和稳固性，彰显教学团队建设集群合作的新优势。

（三）精细化管理

精细化管理是指管理过程精益求精、管理制度具体细密，两者完美结合，使管理逐步内化为个人自觉行为。“双师结构”教学团队建设系统要素多元，成员结构复杂，协作要求更高，教学团队的精确、高效、协同和持续运行，必须依靠精细化管理。

1．精心制定建设方案

围绕教师企业顶岗、外聘教师培训、校企教师互聘等措施制定具体实施方案，使校内外教师获得个性化培养，不同类型团队得到全方位提高。如教师下企业实践应重点围绕“校企对接任务明确、实践岗位目标驱动、过程管理无缝对接、量化考核评价科学”四个方面展开，让教师快速转变思想、切换身份，把工作岗位移植到企业，培养既有丰富理论知识和教学能力，又有娴熟专业技能和实践能力的“双师型”骨干教师。

2. 建立精密培训体系

全面精准了解专兼职教师的不同需求，制定针对性强的培训方案，是构建精密培训体系的关键。一要深入研究培训内容的适切性。专兼职教师在理论、实践、教学等方面差异较大，需要多角度、分层次培训，科学设置培训课程，动态调整培训内容。二要开展定制式培养，最大限度地挖掘教师潜能，促进教师个性化发展。三要建立激励机制，强化培训实效，将培训结果纳入个人成长、年度绩效范畴。

3. 精确配置师资资源

统筹社会、行业企业、学校各方资源，确保教学团队在学历职称结构、年龄层次阶段、素质能力水平、理论实践特长方面有合理配比，实现资源共建共享，使团队结构更加优化。同时，根据专业建设和人才培养需要，吸纳能工巧匠、非遗传人、民间匠人为兼职教师，将丰富的实践经验转化为教学资源，将非遗文化和匠人思想浸润课堂。

4. 精准落实管理制度

制定教学团队建设管理办法，对人员结构、工作职能、任务目标、经费使用予以明确要求，确保团队运行有规可依、有章可循；分类制定教学团队评价标准和激励机制，发挥政府、行业企业、机构评价功能，对团队整体效能、个人发展实绩进行综合评价，促进成员共同生长。根据专业（群）建设、课程开发、科研项目、教学质量目标制定激励标准，嘉奖优秀团队，在年度绩效、个人晋升、项目支持方面予以倾斜，让全体成员共享集体成果，让个人为实现团队目标贡献才智。

（四）协同化运行

教学团队来源结构、能力结构、教学结构较为复杂，成员知识技能、教学能力参差不齐，只有加强校内外教师配合和协作，使团队始终处于协同状态，才能达成预期目标。“双师结构”教学团队能否协同运行，由子系统的协同程度来决定。

1. 强化专兼教师协作程度

一是畅通教师互相交流渠道。团队建设要以目标为导向，明确专兼职教师职责任务，搭建研讨、互动、切磋平台，促进思想碰撞、技艺互补、教学相长，让每个成员充分交流，构建专兼职教师对话机制，提高团队凝聚力和软实力。二是以课程开发、专业建设、项目研究为载体，促进专兼职教师取长补短、共同提高，推动专业内涵建设，提升职业教育服务地方经济的能力。三是加强团队文化建设。学校与企业分属不同主体，目标追求与价值取向不同，通过团队文化建设，学会跨部门沟通与合作，打造协作型团队，使彼此信任、团结协作、同舟共济成为团队文化根基，激发成员释放最大潜能。

2. 推动育人主体深度合作

构建政府统筹、行业指导、社会参与、校企一体的政校行企协同建设系统，确保“双师结构”教学团队建设成效。一是发挥政府主导作用。通过政府政策引领，加速行业企业、社会机构与职业院校协同育人进程，整合校内外优质资源，为教学团队营造良好的外部环境。二是依托行业在人才供需、专业布局、课程体系、师资队伍等方面的引领作用，促进教学团队建设目标更精准、路径更清晰，指导职业院校开展“三教”改革、技能大赛和项目研究等。三是凸显企业主体地位，激发企业参与积极性。“双师结构”教学团队的核心价值是培养高素质技术技能人才，服务经济发展。职业院校要借力政府和行业，协同企业开展现代学徒制人才培养，增强岗位对接度，降低企业用人成本。四是学校应主动融入企业，送教入企，开展企业员工个性化培训，切实助其解决技术和管理问题。

“双师结构”教学团队建设是一项多元合作的系统工程，借助理论指导，整合多方资源，强化内在关联，发挥协同效应，是推动职业院校“双师结构”教学团队建设的有益探索。

参考文献

[1]刘琴.信息化背景下现代职业教育“双师型”教师培育研究[M].北京:高等教育出版社,2018.

[2]韩雪军,韩猛.民族地区高职院校“双师型”教师队伍建设研究[M].长春:吉林大学出版社,2018.

[3]李承先.高等职业教育新论[M].北京:中国书籍出版社,2018.

[4]项缨.高职双师工作室制研究[M].北京:中国原子能出版社,2018.

[5]贾平.高职院校师资队伍建设有序培养研究与实践[M].南京:南京大学出版社,2018.

[6]贺文瑾,崔景贵.现代职业教育教师教育培养培训一体化的研究[M].北京:知识产权出版社,2018.

[7]邢广陆.高职院校教师绩效评价研究[M].青岛:中国海洋大学出版社,2018.

[8]汪炎珍.高职院校教师人力资源管理存在的问题及对策研究[M].湘潭:湘潭大学出版社,2018.

[9]葛科奇.高职教育导师制实践与创新[M].天津:天津科学技术出版社,2018.

[10]史耀忠.职业素养教育的探索与实践[M].北京:北京理工大学出版社,2018.

[11]方莹,于尔东,陈晶濮.职业院校“双师型”教师培养研究[M].秦皇岛:燕山大学出版社,2019.

[12]黄莺,贾雪涛.双师型教师的专业发展研究[M].北京:中国书籍出版社,2019.

[13]杨爽.高等职业院校教师制度与青年教师职业发展研究[M].北京:光明日报出版社,2019.

[14]王晞.新时代职业教育教师队伍专业化建设与发展[M].北京:北京理工大学出版社,2019.
[15]张铭钟.新时代高等教育内涵式发展研究[M].北京:中国政法大学出版社,2019.
[16]杨洋,王辉.高等教育课程改革与人才培养研究[M].长春:吉林文史出版社,2019.
[17]张程.多维视角下艺术设计理论发展与人才培养模式研究[M].北京:冶金工业出版社,2019.
[18]周春玲.大数据背景下的高职院校教师管理理论与实践[M].北京:中国水利水电出版社,2019.
[19]曹晔.当代中国职业教育制度与政策[M].北京:科学出版社,2019.
[20]林宁.职业教育学[M].北京:清华大学出版社,2019.
[21]龚春芬.新时代教师发展观[M].北京:九州出版社,2020.
[22]陶莉莉.跨界与融合:高职院校学生就业能力提升策略研究[M].北京:冶金工业出版社,2020.
[23]谭小雄.高职辅导员素质能力建设简论[M].长春:吉林大学出版社,2020.
[24]蒋丰伟.高职院校教师人力资源管理存在的问题及对策研究[M].北京:中国纺织出版社,2020.
[25]梁建青,刘自忍.高校教师党支部建设:高职院校基层党建工作研究[M].哈尔滨:黑龙江人民出版社,2020.
[26]黄立.产教融合背景下高职院校“双师型”教师团队建设研究[M].长春:吉林人民出版社,2020.
[27]童丽,张亮,李引霞.高职院校教师绩效管理实践研究[M].广州:广东高等教育出版社,2021.
[28]王岚.高职院校双师型教师专业素质培育体系研究[M].南京:东南大学出版社,2021.